Herbert Rönneburg

Mallorca

Radeln für die Seele

15 Wohlfühltouren

Alle Touren auf einen Blick

AUSZEITEN

WEITBLICKE

ERFRISCHUNG

Liebe Auszeitsuchende,

zweimal im Jahr bin ich auf Mallorca und freue mich immer darauf, abseits der Touristenpfade neue Wege dieser großen und großartigen Insel mit dem Fahrrad zu entdecken. Besonders im Frühling ist das ein **Genuss für alle Sinne:** Die mallorcatypischen Weiden mit den großen Johannisbrotbäumen darauf sind ein einziges Blütenmeer, die Orangenhaine duften verführerisch und die Blüten der Mandelbäume erfreuen die Augen. Später blühen der wilde Fenchel, der Affodill und die Wiesengladiolen: einfach zauberhaft. Dazu das sanfte Bimmeln der Schafsglocken, das den **Klang der Landschaft** ausmacht.

So richtet sich dieser Radführer an die Genussradler, die sich den seidigen Wind Mallorcas um die Nase wehen lassen möchten, die Freude an den Blumen am Wegesrand haben und es genießen, im ländlichen Mallorca durch enge, einsame Straßen zu fahren, die von traditionellen Trockenmauern begrenzt werden, und denen auch ein ab und zu kleines unasphaltiertes Streckenstück nicht die Laune verdirbt. Und die auch gern mal schon nach wenigen Kilometern eine **genüssliche Pause** einlegen, wenn ein vielversprechendes Café am Wegesrand liegt ...

Ich lade Sie ein, sich bei einem der zahlreichen Fahrradverleiher an den Küstenorten ein Rad zu schnappen und die Insel auf den kleinen Nebenstraßen zu erkunden: Es lohnt sich!

Ihr Herbert Rönneburg

NATUR

KULTUR

GENUSS

TOUR

GPS-Tracks zum Download

Im Feuchtgebiet

Leichte Tour durch die Albufera

Unsere kleine Runde startet am Eingang zum **Naturpark Albufera** (Parc Natural de s'Albufera) an der Küstenstraße entlang der Bucht von Alcúdia bei der Brücke ❶ **Pont dels Anglesos** über den Canal Gran. Nach der langen Meile mit Hotels ist dieses Bauwerk eine Augenweide. Wir halten kurz auf der Mitte des Viadukts: Zur einen Seite leuchtet das Meer mit seinem Strand, das uns zum Ende der Tour locken könnte, und zur anderen Seite sieht man den langen, schilfgesäumten **Canal Gran.**

Kurz hinter der Brücke auf der Landseite irritiert uns am Eingang der Albufera anfangs das Schild „No Sports". Aber direkt dahinter wird es präzisiert: Radfahren ist erlaubt. Und wir treiben ja auch keinen Sport, sondern wollen die Insel lustvoll auf einsamen Wegen genießen. Ein Plan auf der Rückseite zeigt uns die Ausdehnung dieses Gebietes. Auf brüchigem Asphalt geht es nun schnurgeradeaus ins Feuchtgebiet. Rechts gibt es immer wieder einmal kleine Ausguckstellen durch das Schilf zum Kanal. Am Abzweig, wo der Hauptweg einen kleinen Links-rechts-Knick macht, biegen wir nun auf den langen, geraden Weg nach links ab. Bald kommen wir zu einem hölzernen Hochsitz, wo wir uns einen ersten Überblick über die Albufera verschaffen können. Vorzugsweise morgens und abends sieht man die Feuchtgebietsbewohner: eine Unmenge verschiedener Vögel sowie Wasserbüffel, wilde Pferde und vieles mehr. Besonders in der Zeit des Vogelflugs werden wir hier fündig. Nach dem Überblick

*Das **Sumpfgebiet Albufera** hatte in früheren Zeiten eine wesentlich größere Ausdehnung. Es wurde 1863 teilweise trockengelegt. Neben der Gewinnung landwirtschaftlicher Flächen diente die Trockenlegung der Bekämpfung der Malaria.*

Kilometer: 28

Höhenmeter: 50

Stunden: 3

RUNDTOUR

Am Eingang der Albufera

auf dem Hochsitz folgen wir weiter unserer Route. Etwas später treffen wir links des Weges auf verfallende Wirtschaftsgebäude aus dem typischen ockerfarbenen Marèsgestein Mallorcas, wie man es überall auf der Baleareninsel findet. Wenn es von schrägen Sonnenstrahlen beschienen wird, fängt es fast an zu leuchten! Unser Weg knickt vor einem verschlossenen Gatter einmal nach rechts ab und schwenkt später halb links durch ein Tor, durch das wir die Fahrräder führen.

Gleich danach treffen wir auf den nächsten größeren Hochstand ❷ **Plataforma de S'Amarador.** Ein herrlicher Blick in die **Tramuntana,** die Gebirgsregion Mallorcas und UNESCO-Welterbe, öffnet sich, während sich unter uns auf der Weide niedliche Esel tummeln. Hier im hinteren Teil der Albufera ist es so ruhig, dass wir ein Sonnenbad nehmen oder sogar ein kleines Nickerchen halten könnten, wenn uns danach ist. Wir haben ja keine Eile. Hier können wir abseits des

Touristentrubels unsere Seele baumeln lassen! In der Ferne winkt uns die Silhouette der Tramuntana zu. Der Weg verlässt später das Naturschutzgebiet und ist dann wieder asphaltiert. An einer Gabelung fahren wir rechts und am ersten Abzweig ebenfalls nach rechts auf den langen unbefestigten **Randweg der Albufera.** Rechts des Weges weiden häufig Wildpferde, die uns Schaukämpfe bieten. Hier sind wir weit ab von der Geschäftigkeit der Strände und genießen die Einsamkeit. Nach der Querung einer Brücke sind wir an dem Punkt, zu dem wir auf unserem Rückweg zurückkehren und unsere Tour auf dem Randweg bis zu seinem Ende fortsetzen werden.

Für die Seele

Eine spannende Tour durchs Feuchtgebiet für Mallorca-Beginner mit erholsamer Pause in Sa Pobla.

Aber erst einmal geht es in die Zivilisation nach Sa Pobla. Dazu biegen wir hinter der Brücke auf den Weg nach links ein, der in einer Rechtskurve zum befestig-

Am Hochstand

Café/Pizzeria Vaumar

ten Sträßchen wird. Hier sind wir noch im niedrig gelegenen Gebiet, das durch kleine Gräben entwässert wird. Wir rollen in die erste Straße nach links, folgen ihr mit ihrer Links-rechts-Kurve quer durch fruchtbares Ackerland. Wir schauen auf weite, brettebene Ackerflächen. An einer Einmündung biegen wir rechts ab und folgen dann der nächsten Straße nach links. Später hinter einer Rechtskurve nehmen wir das erste Sträßchen links, den **Camí de Sant Antoni,** der uns nach **Sa Pobla** hineinführt. Wir radeln noch über einen Kreisel hinüber schnurgeradeaus ins Städtchen hinein. An der fünften Straße rechts hinter dem Kreisel treffen wir auf den Weg der ehemaligen innerstädtischen Bahntrasse, die jetzt ein Fuß- und Radweg ist. Der neue Bahnhof liegt am Ortsrand; früher jedoch verliefen die Schienen bis ins Innere des Städtchens.

Wer mit der ***Bahn*** *anreisen will, kann die Rundtour in Sa Pobla am Bahnhof beginnen.*

Hier biegen wir also nach rechts ein und bleiben immer geradeaus, passieren die Polizeistation auf ihrer rechten Seite und halten uns dann am Ende an der Einmündung in die Carrer del Mercat links. Die Stadt wirkt schlicht und ärmlich, aber wir müssen auf die Fassaden schauen. Und die wahren Schätze finden sich hinter den verschlossenen Toreinfahrten: So manches Haus hat einen idyllischen geschützten Patio. Wir queren einen kleinen Platz in der Mitte und finden gegenüber ein gepflastertes Sträßchen, das direkt zur **3 Plaça Major** führt, dem Zentrum des öffentlichen Lebens. Der Platz ist gesäumt mit Bars und Cafés, wo wir uns niederlassen können, vielleicht mit einem *Café con Leche,* einer *Ensaïmada* oder gar einer herzhaften *Tostada* im **4 Café Agora 16.** Für eine größere Auswahl an Speisen empfiehlt sich das Café/Pizzeria **5 Vaumar,** wo Lorenzo alle Gäste mit einem Lächeln begrüßt. Erst abends tobt hier das Kleinstadtleben: Auf diesem Platz gibt es Tanzveranstaltungen, Jazzabende und sogar ein Oktoberfest. Vielleicht regt uns das an, einmal hierher zurückzukommen, um einen netten Abend mit Wein und *Pinchos* zu verbringen.

Pinchos *sind kleine Häppchen, die katalanische Antwort auf Tapas, die hier in einer überbordenden Menge an Variationen, aufgetürmt auf dem Tresen einiger Bars, angeboten werden.*

Markt in Sa Pobla

Oder man macht die Radtour an einem Sonntagvormittag: Dann findet hier der große Markt statt, auf dem kaum Touristen unterwegs sind. Er ist ein Treffpunkt für alle Einwohner des Städtchens (siehe auch Tour 2). Für unsere Weiterfahrt rollen wir denselben Weg zurück durch die Carrer del Mercat und folgen ihr aber nun bis zu ihrem Ende an der Ringstraße. Hier schwenken wir kurz nach rechts, um am dann folgenden Kreisel auf der Verbindungsstraße **Ma-3433** das Städtchen wieder zu verlassen.

Auf dem Seitenstreifen können wir sicher radeln. Nach 1 Kilometer verlassen wir diese viel befahrene Straße und biegen bei der zweiten Möglichkeit nach links ein, um ruhige, genussvolle Wege zwischen den Feldern dieser Agrarlandschaft zu erreichen. An der Einmündung halten wir uns links und dann gleich wieder rechts. In die folgende Straße gehts erneut nach rechts. Wir vermeiden die Weiterfahrt auf der viel befahrenen Ma-3433, indem wir sie im Folgenden lediglich überqueren. Nun sind wir wieder auf dem Sträßchen, das uns an seinem Ende in einer Linkskurve zurück zur schon gequerten Brücke am Albuferarandweg bringt. Wir radeln jetzt nach links auf das letzte Stück unseres Weges. Ein sehr großer Hochstand mit einer grandiosen Aussicht bietet uns noch einmal eine andere Perspektive auf die Umgebung, die Berge und die Albufera. Hier fühlen wir uns dem Himmel nah! Am Ende kommen wir wieder zur **Ma-3433,** die an einer Engstelle auf einer alten Brücke einen Bach überqueren muss. Wir folgen ihr aber nur für 100 Meter und können dann nach rechts in die ruhigen Wege des Naturschutzgebiets einbiegen. Das Tor dorthinein ist verschlossen; aber rechts in der Mauer ist ein Durchlass, durch den wir die Räder führen können. Der Weg geht nun lange geradeaus. Die Sicht auf die Wasserflächen ist meist versperrt durch Reet, hoch gewachsene Gräser und kleine Bäume, aber glücklicherweise gibt es wieder einen Holzturm, der es uns erlaubt, auf die Wasserläufe zu schauen und vielleicht das eine oder andere Erinnerungsfoto zu machen. Im Frühjahr liegt ein würziger Duft in der Luft, den die vielen weiß blühenden Zwiebelgewächse am Wegesrand verströmen. Hier sind wir der Natur sehr nah verbunden! An der Einmündung des Weges halten wir uns rechts und auf der nun folgenden Brücke öffnet sich zu beiden Seiten ein fantastischer Weitblick über den Canal Gran!

Hinter der Brücke biegen wir gleich wieder nach links ein und erreichen so das Besucherzentrum **6 Centre de Recepció sa Roca:** ein schönes Ensemble aus mallorquinischem Marèsgestein. Hier gibt es einen Empfang, Toiletten und einen Ausstellungsraum mit neuen und alten Fotos sowie Videoinstallationen. Nach der Besichtigung der Ausstellung gehen wir noch auf Entdeckertour: Von hier führen verschiedene Wege zu Beobachtungshütten, wo man die Bewohner des Feuchtgebiets beobachten kann, ohne diese zu stören. Das sollten wir uns nicht entgehen lassen. Also schließen wir die Fahrräder an und machen uns auf

*Das **Besucherzentrum** ist in den Resten einer alten Papiermühle aufgebaut worden. Mit dem Aufkommen des Tourismus ab 1960 wurde dieser Wirtschaftszweig verdrängt. 1988 stellte die Inselregierung den Rest des Gebietes dann unter Naturschutz.*

Besucherzentrum

den einen oder anderen versteckten Weg. In den Hütten befinden sich kleine Luken, die man aufklappen kann. Jetzt würde uns ein Fernglas sehr nützlich sein. Wir blicken wieder über die grandiose Weite der Albufera. In der Ferne am Tümpel sehen wir tatsächlich einige Wasserbüffel. Kuhreiher picken im Dung. Weiter hinten stehen Flamingos im Wasser. Und auch die wilden Pferde weiden friedlich im Gras. Wenn wir zur richtigen Jahreszeit hier sind, sehen wir noch die Schwärme der Zugvögel, die vor Ort auf ihrer langen Reise rasten. Wir können kaum glauben, dass dies dieselbe Insel ist, wo wir uns vor Stunden noch durch touristisch geprägte Küstenorte gewunden haben. Mallorca ist eben voller Gegensätze! Wenn wir genug entdeckt und uns sattgesehen haben, geht es auf dem geraden Fahrweg zu unserem Ausgangspunkt zurück.

Von der Pont dels Anglesos an der Uferstraße erblicken wir wieder die Bucht ❼ **Badia d'Alcúdia,** das Meer und den Strand, die uns bei passendem Wetter zu einem erfrischenden Bad im kristallklaren Wasser erwarten: Das tut jetzt richtig gut. Was für ein schönes Finale unserer Tour!

Zugang zu den Erlebnispfaden

Badia d'Alcúdia

Platja de Muro
Badia d'Alcúdia
7
1
P
Ma-12
Ma-13
Canal d'en Ferragut
6
Canal Gran
Canal de Siurana
Canal des Sol
Camí d'en Pujol
Parc Natural de s'Albufera
Camí de Ses Puntes
Canal d'en Pujol
Camí d'en Pep
Canal d'en Moix
Canal d'en Molines
2
Camí dels Polls
Ma-3433
Ma-3420
Camí de sa Placeta de Son Amer
Torrent de Muro
Camí gran de Son Amer
Ma-3450
Sa Pobla
3
4
5
Ronda Sud
Ma-3430
Ma-3431

ALLES AUF EINEN BLICK

Entspannung
Abenteuer
Vielfalt

WIE & WANN

Leichte Runde im Flachen, gut geeignet zum Ausprobieren, auf festen Sandwegen und kleinen Nebenstraßen. Ganzjährig befahrbar, kein Schatten. Ein Fernglas im Gepäck kann nützlich sein.

HIN & WEG

Auto: Parkplatz zum Albufera-Naturpark an der Ma-12 oder Parken vor und hinter der Brücke Pont des Anglesos an der Avinguda de s´Albufera, der Küstenstraße von Playa de Muro
ÖPNV: Bahnhof Sa Pobla, dort Einstieg in die Tour

ESSEN & ENTSPANNEN

4 **Café Agora 16,** Plaça Major 16, 07420 Sa Pobla, Tel. +34 (63) 8 08 70 71
5 **Vaumar,** Plaça Major 13, 07420 Sa Pobla, Tel. +34 (9 71) 54 44 17, www.vaumarcafe.com

ENTDECKEN & ERLEBEN

1 **Pont dels Anglesos,** Avinguda de s'Albufera, 07400 Alcúdia
2 **Plataforma de S'Amarador** im Naturpark Albufera
3 **Plaça Major,** 07420 Sa Pobla
6 **Centre de Recepció sa Roca** (Besucherzentrum) im Naturpark Albufera, ca.balearsnatura.com/parque_natural/parc-natural-de-salbufera-de-mallorca
7 **Badia d'Alcúdia,** 07400 Alcúdia

An der Kirche in Santa Margalida

Auf und ab

Äcker und Hügel im Norden

Wir beginnen unsere Runde am **Bahnhof in Sa Pobla,** der am Ortsrand an der Ringstraße liegt. Früher fuhr die Bahn bis in das Innere des Städtchens. Deswegen können wir gegenüber der Bahnstation einem Fuß-/Radweg auf der ehemaligen innerstädtischen Bahntrasse in die Stadt hinein folgen. Wir bleiben geradeaus, passieren die Polizeistation auf ihrer rechten Seite und biegen am Ende an der Einmündung in die **Carrer del Mercat** nach links. Wir queren einen kleinen Platz mittig und finden gegenüber ein gepflastertes Sträßchen, das direkt zur **❶ Plaça Major** führt. Für einen guten Start in unsere Tour könnten wir hier auf dem großen Platz schon einmal ein Erfrischungsgetränk oder einen Kaffee zu uns nehmen. Zu Letzterem passt hervorragend das mallorquinische Frühstücksgebäck *Ensaïmada* – eine in Schmalz gebackene luftige Schnecke, die mit Puderzucker bestreut wird. Die besten bekommt man im **❷ Café Agora 16.** Aber auch die salzigen, knusprigen *Tostadas* sind hier sehr lecker. Kellner Daniel bedient uns, als wären wir schon lange seine besten Freunde! Er ist nie um einen kleinen Spruch verlegen. Wir fühlen uns spontan sehr wohl, hier zu sitzen. Aber erst abends entfaltet sich auf dem Platz das richtige Stadtleben – manchmal mit Volkstanzveranstaltungen, Jazzabenden und sogar einem Oktoberfest. Und natürlich sonntags, wenn hier der große Markt stattfindet, versammelt sich gefühlt die ganze Bevölkerung Sa Poblas. Das Schöne ist: Dieser Markt ist noch nicht von Touristen überlaufen. Hier halten die Mallor-

Kilometer: 36

Höhenmeter: 250

Stunden: 3

RUNDTOUR

Santa Margalida

quiner einen Schnack mit den Marktbeschickern, kleine Kinder tragen ihr Sonntagsdress und werden von allen beachtet. Besonders schön sind der Respekt und die Aufmerksamkeit, mit denen die Spanier den Senioren begegnen.

Für die Seele
Entspannt durch Ackerland und sanfte Hügel radelnd, besuchen wir drei Inselorte.

Wenn wir nach unserer kleinen Auftaktpause weiterradeln, rollen wir auf der gegenüberliegenden Seite des Platzes nach rechts durch ein verkehrsberuhigtes Sträßchen zur **Kirche,** biegen vor dem Kirchenportal nach links Richtung Westen ein und fahren schnurgerade bis zum Rand des Städtchens. Nach einem kurzen Rechtsschwenk führt uns die Randstraße zu einem Kreisel, den wir geradeaus **Richtung Búger** überqueren, das malerisch sonnenbeschienen vor uns auf einem Hügel liegt. Búger ist ein gutes Beispiel für die mallorquinischen Ortschaften, von denen die meisten auf einem Hügel liegen. Das machte in Zeiten, als Piratenüberfälle drohten, durchaus Sinn. Wenn die Straße Richtung Búger nach rechts führt, fahren wir geradeaus auf den **Camí Vell d'Inca – Sa Pobla.** Am Wegesrand steht ein hölzerner Radwegweiser mit einer Infokarte. Diese alten Verbindungswege sind ein Glücksfall für uns Radfahrer: Die teilweise noch durch Trockensteinmauern begrenzten schmalen Straßen winden sich malerisch durch die Landschaft – und das fast ohne Motorverkehr. Da können wir gut Flora und Fauna bestaunen oder uns gemütlich mit unseren Mitfahrern unterhalten. Auf diesem schönen Sträßchen radeln wir 2 Kilometer bis zu einer echten Kreuzung, wo wir links auf einen befestigten Feldweg einbiegen. Jetzt rollen wir mühelos immer locker zwischen den Feldern geradeaus. An einer Einmündung halten wir die Richtung, auch wenn der Anschluss kurz nach links verschwenkt ist. Am Ende treffen wir auf die **Ma-3500,** der wir auf dem Seitenstreifen 600 Meter nach links folgen und dann rechts Richtung Llubí abbiegen.

Wir überqueren auf einer **Brücke** die Bahnlinie nach Sa Pobla und biegen in der nun folgenden Rechtskurve links auf eine kleinere Straße ab, die uns jetzt sanft einen Hügel hinaufführt.

Wir verlassen die Felder und kommen in wildere, teilweise aufgelassene Gebiete. In Geradeausfahrt passieren wir ein **steinernes Kreuz,** wo es links auf einem steinigen Weg, der mit Schlaglöchern nicht fahrradgängig ist, zu einer Ermita, einer kleinen Kapelle, ginge. Weiter oben auf der Kuppe vor dem Weiler **Binifalet** werden wir gleich links abbiegen. Bevor wir dies tun, lohnt es sich, die paar Meter in die Siedlung hineinzufahren, da man von dort oben einen großartigen Blick nach Süden hat. Beeindruckt sind wir auch von einigen fantastisch hergerichteten Landhäusern. Zurück zu unserem Abbieger müssen wir wegen des brüchigen Straßenbelags etwas vorsichtiger fahren. Aber schon nach 200 Metern können wir nach rechts abbiegend wieder bergab rollen: Hier ist die Straße re-

Església Santa Margalida

pariert worden. Unten am Trafohäuschen halten wir uns links. Wir folgen dem Weg, überqueren ein Bachbett und stoppen dahinter unsere Fahrt, um den Ausblick über die Felder Richtung Tramuntana zu genießen: Hier verlieben wir uns in das ländliche Mallorca und wünschen uns, dass unsere Reise nie wieder enden möge! Das farbige Schauspiel der blauen Silhouette der Tramuntana hinter den grünen Feldern begeistert uns. Dem Weg folgen wir mit seiner zweimaligen Rechts-links-Kurve und biegen an der Einmündung in die **Ma-3442** nach links ab, überqueren eine Senke und fahren dann rechts in den **Camí de Can Trinques.** Auf diesem schönen gewundenen Weg genießen wir die Ausblicke auf die sanft gewellte Landschaft, überqueren die **Ma-3443,** verfolgen unsere Tour etwas versetzt gegenüber und treffen gleich darauf auf die mäßig befahrene **Ma-3430,** die uns nach rechts in einer langen Geraden an den Ortsrand von **Santa Margalida** bringt.

Am großen Kreisel vor dem Ort biegen wir links ab, suchen den Zugang zum kleinen Sträßchen, das sich an diese Hauptstraße anschmiegt, und treffen nach 300 Metern auf die **Carrer de Felicià Fuster,** der wir nach rechts in einem Bogen in den Ort folgen. An dem Dreiecksplatz **Plaça de s´Abeurador** fahren wir erneut nach rechts in sanfter Aufwärtsfahrt hinauf ins Zentrum, in den palmenbestandenen **Passeig des Pouàs** ebenfalls nach rechts (das ist die sechste Straße nach rechts). An dessen Ende dann biegen wir die zweite Straße links ab, radeln an der Treppe zur Kirche vorbei und biegen dahinter in die zweite Straße rechts ab, die uns schräg hoch zum Mirador auf dem der Kirche vorgelagerten Platz ❸ **Plaça Rector Joan Verger** bringt, dem höchsten Punkt des Städtchens. Der Platz oberhalb der Stützmauer des lehmigen Hügels, auf dem sich die ❹ **Església Santa Margalida** befindet, ist wirklich ein attraktiver Aussichtspunkt. Von oben haben wir eine grandiose Aussicht über die Ebene! Wir sehen die kleinen Hügel, die wir eben überquert haben, und

*Die **Església Santa Margalida** wurde im Jahr 1232 errichtet und im 17./18. Jahrhundert umgebaut. Sie ist ein Beispiel für die barocke religiöse Architektur der Städte auf der Insel Mallorca. Ihre Fassade ist nur mit Linien und einer Rosette verziert.*

haben das Gefühl, dass die Bergkette der Tramuntana wie ausgebreitet vor unseren Füßen liegt. Das ist wahrlich ein herrlicher Moment unserer Tour. Spätestens jetzt zücken wir die Kamera für fantastische Panoramafotos.

Zurück fahren wir denselben Weg vom Kirchplatz herunter und halten die Richtung auf der einmündenden Straße weiter bis zu einem Kreisel mit einem Platz. Auf der gegenüberliegenden Seite des Platzes befindet sich unsere Straße, die uns in Gegenrichtung wieder aus dem Ort hinausführt. Wir passieren erneut den palmenbestandenen Passeig und könnten im ersten Café auf der Strecke nach 22 Kilometern, dem Café **5 Ses Palmeres,** schon mal eine kleine Pause einlegen.

Für die Weiterfahrt folgen wir der Straße, auf der wir ja bereits in den Ort hineingefahren sind, kommen wieder zum Dreiecksplatz, biegen nach links ein und erreichen so den Ortsrand. Zurück unten an der Hauptstraße, rollen wir 130 Meter nach rechts und überqueren diese dann, um zur kleinen Straße **Ma-3412** zu gelangen, die in Richtung Muro weist. Sie schlängelt sich beschaulich durch die malerische Landschaft. Wir halten kurz an und lassen die Ruhe der Gegend auf uns wirken. Nicht am ersten Weg biegen wir rechts ab, aber wenn die Straße sich teilt, folgen wir ihrem Verlauf nach rechts, wo sie einer Hügelkette ausweicht. Die nächste Hügelkette vermeiden wir, indem wir an der kommenden Kreuzung nach links in die **Ma-3411** einbiegen: wieder eine entzückende kleine Straße in lieblicher Umgebung, auf der kaum Autos unterwegs sind. Wir blicken auf eine Idylle in gewellter Landschaft. Später müssen wir dann doch eine kleine Kuppe überwinden und halten nach der Abwärtsfahrt auf **Muro** zu, das ebenfalls wie eine Festung auf dem nächsten Hügelkamm liegt.

Durch ein steinernes Portal führt uns unsere Straße in die engen Gassen dieses Städtchens. Hinter diesem halten wir uns geradeaus und dann kurz danach zweimal rechts: So kommen wir zu verkehrsberuhigten Sträßchen, die wir aber befahren dürfen. Dort nach links in ein Gässchen und unten wieder nach links abgebogen, gelangen wir dann zur **Plaça de Sant Martí,** wo sich das nette Café ❻ **Panord forn** befindet mit köstlichen traditionellen Gebäcken wie *Ensaïmadas, Cocas de patata, Rubiols, Crespells* und dem allgegenwärtigen, sehr leckeren *Gató d'ametlla.* Letzterer ist ein Kuchen, der nur mit Eiern, Zucker und Mandelmehl gebacken wird. Spätestens hier haben wir uns eine Pause verdient. Touristen sieht man kaum, aber die Rennradsportler kommen von allen Seiten. Wir können in Muro auf weiteren verkehrsberuhigten Sträßchen und mehreren Plätzen ganz nach Belieben umherstreifen und uns ein wenig umsehen. Unsere Orientierungsmarke aber ist die riesige Kirche. Links von ihr am Ende des mit Gittern umfriedeten Marktplatzes fahren wir nach rechts in die **Carrer Joan Massanet.** Wir rollen sie immer geradeaus hinunter, bis uns ein oranges Radwegzeichen Richtung Sa Pobla in die siebte Straße nach links weist, die **Avinguda de Sant Vicenç,** die nach einem Bogen abwärts an den Ortsrand führt und uns dann, immer schmaler werdend, 5 Kilometer durch flache Felder zurückführt. Auf unserer linken Seite passieren wir später das Kirchlein **Sant Vicenç.**

Ensaïmada

Am Ende treffen wir wieder auf die Straße nach Búger vom Beginn, wo wir jetzt aber nach rechts auf schon bekannten Wegen wieder nach **Sa Pobla** zurückfahren. Mit wunderschönen Eindrücken im Kopf können wir uns am Kreisel am Ortsrand entscheiden, ob wir wieder über die Plaça Major zum Ausgangspunkt fahren wollen oder nach rechts über die Ortsrandstraße, die uns auch automatisch zurück zum Bahnhof bringt.

Markt in Sa Pobla

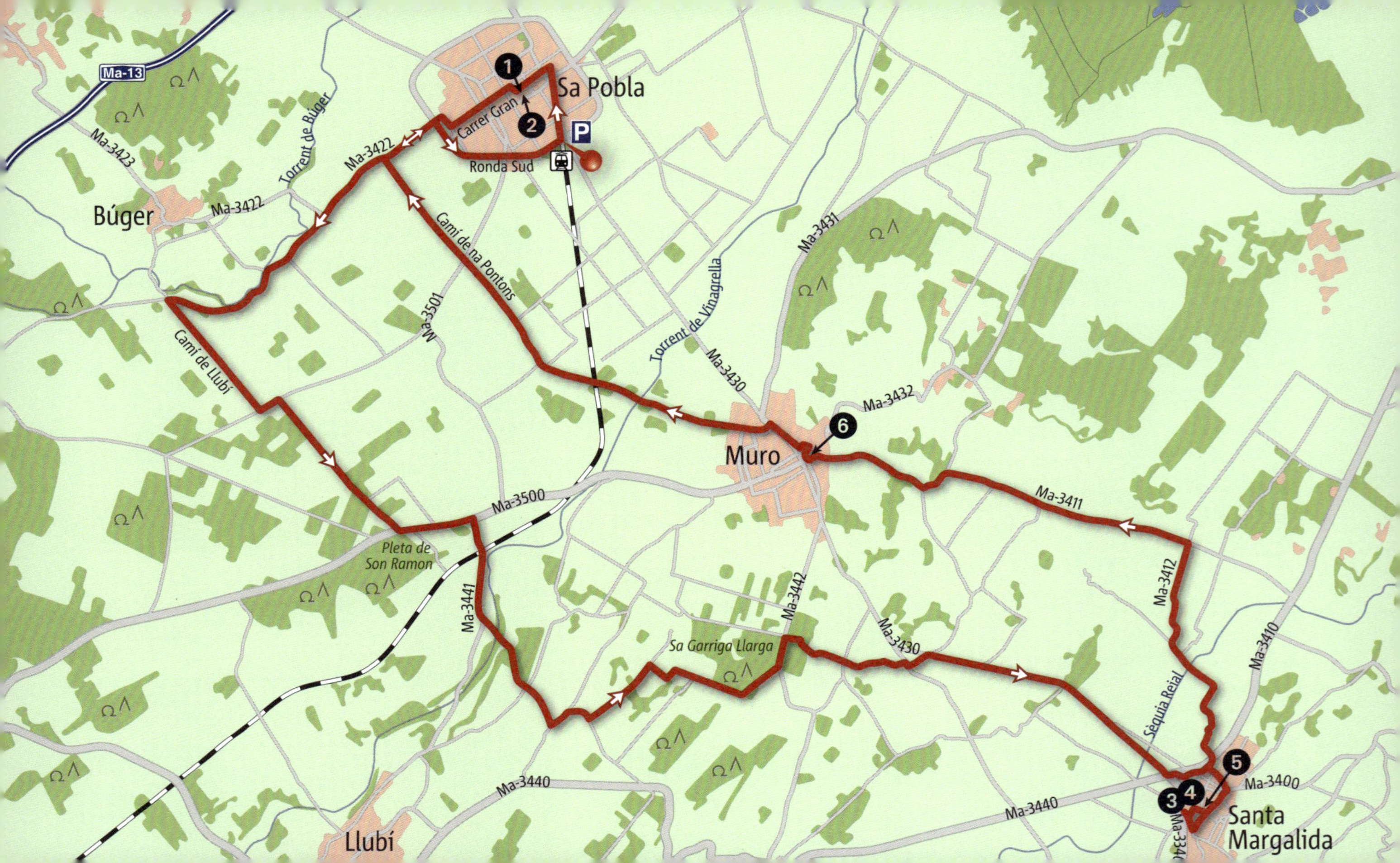

Ma-13
Sa Pobla
Carrer Gran
Ronda Sud
Ma-3423
Torrent de Búger
Ma-3422
Búger
Ma-3422
Camí de na Pontons
Ma-3501
Camí de Llubí
Torrent de Vinagrella
Ma-3430
Ma-3431
Ma-3432
Muro
Ma-3500
Pleta de Son Ramon
Ma-3441
Ma-3442
Sa Garriga Llarga
Ma-3430
Ma-3411
Ma-3412
Sèquia Reial
Ma-3410
Ma-3400
Ma-3440
Ma-3440
Ma-3340
Santa Margalida
Llubí
1
2
3
4
5
6

ALLES AUF EINEN BLICK

Entspannung ●●●●●
Abenteuer ●●○○○
Vielfalt ●●●●○

WIE & WANN

Einfache Tour im Flachen auf Nebenstraßen und befestigten Feldwegen, in der Mitte sanfte Hügel, zwei Orte auf Hügeln. Ganzjährig befahrbar, kein Schatten.

HIN & WEG

Auto: Parken an der Ronda de S´Albufera, 07420 Sa Pobla
ÖPNV: Bahnhof Sa Pobla

ESSEN & ENTSPANNEN

2 **Café Agora 16,** Plaça Major 16, 07420 Sa Pobla, Tel. +34 (63) 8 08 70 71
5 **Ses Palmeres,** Passeig des Pouàs 21, 07450 Santa Margalida, Tel. +34 (9 71) 52 30 97
6 **Panord forn,** Plaça de Sant Martí 1, 07440 Muro, Tel. +34 (8 71) 81 18 90, www.panord.es

ENTDECKEN & ERLEBEN

1 **Plaça Major,** 07420 Sa Pobla
3 **Plaça Rector Joan Verger,** 07450 Santa Margalida
4 **Església Santa Margalida,** Calle de la Constitución 2, 07450 Santa Margalida, Tel. +34 (9 71) 52 31 19

Mirador de sa Creu

Das grüne Herz

Eine Runde ab Sineu

Unsere Tour startet am **Bahnhof von Sineu.** Dort und an der Ortsrandstraße finden sich auch Parkmöglichkeiten. Mittwochs jedoch sind die Parkplätze rar, da dann hier der bekannte, von vielen Touristen besuchte Wochenmarkt **1 Mercat de Sineu** auf den verwinkelten Plätzen im Ortsinneren stattfindet. Die Plätze und Gassen sind dann voll mit bummelnden Besuchern. Er ist einer der beliebtesten Märkte auf Mallorca und auch besonders bei Familien mit Kindern beliebt, weil er der einzige ist, auf dem noch mit lebenden Nutztieren gehandelt wird.

*Der **Markt** findet jeden Mittwoch in der Ortsmitte auf dem Es-Fossar-Platz, dem Es-Mercadal-Platz und in den verschachtelten Gassen der Altstadt statt.*

Die genaue Erkundung des Ortes mit seinen schönen Plätzen und verwinkelten Gassen sowie vielleicht eine Einkehr sparen wir uns zum Abschluss der Tour auf. Für eine kleine Stärkung zu Beginn unseres Ausflugs jedoch fahren wir vom Bahnhof am südlichen der beiden Bahnübergänge durch die Carrer del Carril in das Zentrum hinein und treffen auf den ersten großen Platz Plaça es Fossar. Dort nach links gewendet, finden wir die Außenterrasse der Pasteleria **2 Panord forn** mit einer appetitlichen Auswahl an sehr guten Backwaren. Die *Ensaïmada* ist sensationell und passt ausgezeichnet zu einem *Café con Leche!* Hier können wir ein bisschen verweilen, uns die Sonne ins Gesicht scheinen lassen und uns auf unsere Tour durch das grüne Herz Mallorcas freuen.

Nach dieser kleinen Anfangsstärkung fahren wir zurück und radeln gleich an den Gabelungen nach rechts in die Carrer Llibertat, die uns in einem Halbbogen zur Orts-

Kilometer: 40

Höhenmeter: 350

Stunden: 4

RUNDTOUR

randstraße bringt. In diese biegen wir rechts ein und folgen dem Schild in Richtung Montuïri. Wenn die Ringstraße später nach rechts abknickt, führt geradeaus die kleine Straße **Camí de Montuïri** ins Ländliche. Und schon sind wir mitten in der schönen grünen Landschaft! Auf dieser kleinen Straße können wir gemächlich dahinrollen und uns eins mit der Inselnatur fühlen. Wir folgen dem Weg bis zu einer Kreuzung, fahren dann rechts und an der nächsten Einmündung ebenfalls nach rechts. Wenn dieses Sträßchen auf die **Ma-3231** trifft, radeln wir wiederum nach rechts Richtung **Lloret de Vistalegre,** biegen dort links ab und kommen so über die **Ma-3130** in den kleinen Ort hinein. Wir können hier kurz umherstreifen, aber da wir erst 6 Kilometer hinter uns haben, brauchen wir wahrscheinlich noch keine Kaffeepause. Die Straße vom Eingang führt uns auch wieder aus dem Ort hinaus. Unten an der nächsten Kreuzung mit der Bushaltestelle biegen wir links ab und sind dann wieder auf einem schmalen Parcours zwischen Feldern. Wir folgen dem Verlauf des Sträßchens auch über zwei Querstraßen hinweg bis zu einer Einmündung vor einem großen, äußerlich etwas heruntergekommenen Gutshaus. Hier rollen wir nach rechts hinunter bis zur Kreuzung mit der **Ma-3230,** der wir nach links folgen.

Für die Seele

Wir streifen sechs Inselorte und erfreuen uns am lieblichen grünen Herzen der Insel.

Hinter einem großen Kreisel heißt sie **Ma-3220** und leitet uns ins Zentrum von **Sant Joan** hinauf. Hinter einem kleinen Platz mit der Kirche an unserer linken Seite führt uns die Ma-3220 in die erste Straße nach rechts, dann in die zweite nach links und damit aus dem Ort heraus. Es geht eine kleine Anhöhe hinauf, wo links und rechts die Zistrosen ihren betörenden Duft verbreiten. Wir schauen in die liebliche, hügelige Landschaft, die uns frei atmen lässt. Die Straße nehmen wir bis ins Zentrum von **Petra.** Am Ortseingang angekommen, rollen wir aber zuerst in die zweite Straße nach rechts, die **Carrer de sa Creu,** später an der Gabelung ein paar Meter die hübsch gepflasterte Straße links zum **❸ Museo y Casa Natal de Fra Juníper Serra,** dem Museum und dem Geburtshaus von Fra Juníper Serra. Fra Juníper war ein Sohn der Insel, der als Franziskaner berühmt wurde, weil er in Kalifornien diverse Missionsstationen, und damit indirekt die großen Städte dort, gegründet hat: San Diego, Los Angeles, San Francisco. Hier sind vor allem Schriftstücke, Landkarten und Gemälde, die seinen Lebensweg dokumentieren, ausgestellt sowie Modelle einiger von ihm gegründeter Missionsstationen. Etwas weiter oben in der Straße steht das Geburtshaus mit historischen Objekten aus dem Alltagsleben der Zeit seines Heranwachsens.

Zurück radeln wir auf der zweiten parallelen Straße, um wieder in die Durchgangsstraße nach rechts einzubiegen. Gleich danach können wir uns hier über den gemütlichen Doppelplatz ❹ **Plaça de Fra Juníper Serra und Plaça de Ramon Llull** rechter Hand freuen: Viele gut besuchte Cafés und Restaurants sowie sogar ein Petit Hotel liegen hier, die man im landwirtschaftlich geprägten Herzen der Insel nicht erwartet, und laden zum Niederlassen ein. Zahlreiche Gleichgesinnte – meist Rennradsportler – scheinen diesen Ort und diesen Platz als Pausenstation ebenfalls auf ihrem Tourenplan zu haben. In Rene's Bike Shop könnten wir noch eventuell benötigtes Zubehör für unser Fahrrad und unsere Touren erwerben. Es herrscht eine freudige, entspannte Atmosphäre. Hier, in der Mitte unserer Tour, suchen wir uns einen Platz auf der Terrasse einer der Bars, lauschen dem Plätschern des zentralen Springbrunnens und schöpfen Ruhe und Kraft für den zweiten Teil.

*Die **Pfarrkirche Sant Pere** in Petra ist eine der größten auf Mallorca. Begonnen wurde ihr Bau 1582, doch sie wurde erst Ende des 18. Jahrhunderts fertiggestellt. Die Kirche beeindruckt durch den 31 Meter hohen sechseckigen Glockenturm und die Fensterrosette.*

Für die Weiterfahrt kehren wir auf demselben Weg zurück auf die Durchfahrtsstraße, fahren nach rechts und biegen nun in die zweite Straße nach links ein, die **Carrer d´en Font.** Wir treffen auf einen Boulevard, den wir im weiteren Verlauf überqueren werden. Links sehen wir die gewaltige Kirche des Ortes ❺ **Església de Sant Pere** und haben vielleicht Lust, den kurzen Schwenk zu machen, um einmal in ihr Inneres zu schauen. Der Eingang befindet sich auf der linken Seite. Hier wurde übrigens auch der berühmte Sohn der Stadt, Fra Juníper, getauft. Von ihm, der 1988 seliggesprochen wurde, werden in der Kirche der Taufstein, Reliquien und ein Bildnis aufbewahrt.

Wir fahren zurück, weiter durch die Carrer d'en Font, bis wir auf die sanft geschwungene ehemalige Bahntrasse durch den Ort treffen, die jetzt ein Fußgänger- und Radweg ist. Links eingebogen, kommen wir allerdings schnell zum Ende des Weges an der Straße, die uns, den **neuen Bahnhof** außerhalb des

Museo y Casa Natal de Fra Juníper Serra

Ortes passierend, nach rechts wieder aus dem Ort herausführt. An einer Gabelung fahren wir rechts und überqueren bald darauf die große, stark befahrene Umgehungsstraße **Ma-3340.** Wir befinden uns nun im Flachen auf einem Sträßchen auf der anderen Seite der landwirtschaftlich intensiv genutzten Ebene um Petra. In der Ferne – auf einem Hügel mit einer Steilkante – sehen wir schon Ariany. Wenn unsere kleine Straße sich nach 1,4 Kilometern gabelt, fahren wir links, folgen dem gewundenen Verlauf, bis ein Schild uns wiederum nach links den Weg nach Ariany weist. Wir bleiben auf dem Weg auch nach seiner Linkskurve am Ortseingang – jetzt auf breiter Straße – bis zu einer Einmündung.

Wie wir gesehen und gemerkt haben, liegt **Ariany** auf einem Hügel; aber wir haben ja den schonenden, sanften Aufstieg vom hinteren Teil des Ortes gewählt! Beinahe hat man den Eindruck, dass hier die Zeit stehen geblieben ist. Wir wollen jetzt zum Mirador an der Kirche und müssen wegen der Einbahnstraßen etwas zickzack fahren: Dazu halten wir uns an der Einmündung rechts, dann sofort wieder links, rechts und erneut links: Nun liegt die Kirche vor uns. Hinter dem 1570 erbauten Gotteshaus befinden sich ein liebevoll angelegter kleiner Garten und ein Aussichtspunkt an der Hügelkante mit einem Steinkreuz, der **❻ Mirador de sa Creu,** wo man einen atemberaubenden Weitblick hat. Dieser Platz mit der schönen, gepflegten Kirchenfassade ist ein Schmuckstück! Hier wollen wir etwas verweilen und den Ausblick über das grüne Herz der Insel in unser Herz aufnehmen: Hier ist es wirklich wunderschön! Und natürlich wollen wir Fotos machen, um die Erinnerung mit nach Hause nehmen zu können. Bänke laden zum Ausruhen ein. Links von uns auf einer weiteren Erhebung liegt der ehemalige Convent von Franziskanernonnen, der inzwischen ein Luxushotel ist. Ariany war auch bekannt für seine sieben Windmühlen, wovon jetzt aber nur noch die Torsi stehen. An der Ruine der 7 **Molí d'en Marinero** fahren wir gleich vorbei. Wenn wir also etwas verschnauft und uns sattgesehen haben, fahren wir vor der Kirche nach links, dann nach rechts und die nächste Möglichkeit nach links auf eine Straße, an der rechts die Mühlenruine liegt. Wir halten kurz an und machen ein Foto – zusammen mit der abfallenden Landschaft im Hintergrund. Man kann sich gut vorstellen, dass hier an der Kuppe die Winde günstig waren, die die Mühle einst angetrieben haben.

Die Straße bringt uns abwärts aus dem Ort heraus. Wir landen nach einer Linkskurve wieder an der viel befahrenen Hauptstraße **Ma-3340,** in die wir rechts einbiegen. 700 Meter weiter unten radeln wir in die erste Straße nach links, die uns fast ohne Motorverkehr in den Ort **Maria de la Salut** führt, der wiederum auf

Gassen von Sineu

einem Hügel liegt. An dessen Fuße schwenkt unsere Straße **Ma-3342** nach rechts und bringt uns sanft in einem Bogen zum zentralen Platz hinauf. Auf ihn biegen wir nach links ein. Vielleicht ist eine weitere kleine Pause gut, denn die nächsten 3 Kilometer könnten ein bisschen anstrengend werden. Am Platz folgen wir der jetzt eingeschlagenen Richtung und rollen auf der langen, geraden Straße **Carrer Nou** bis zu ihrem Ende: einer Querstraße am höchsten Punkt des Ortes. Hier biegen wir rechts ein und radeln dann gleich das nächste Sträßchen nach links hinunter, welches uns wieder ins Ländliche hinabführt. Unten in der Senke angekommen, biegen wir in einem sehr spitzen Winkel rechts ab. Der gewundene Weg **Camí de Son Vallfogó** führt bald nach oben; mit 30 Höhenmetern gar nicht mal so hoch, aber doch etwas steil. Schieben könnte für uns hier auch eine Option sein. Allerdings werden diejenigen von uns, die elektrische Verstärkung an ihrem Rad haben, entspannt lächeln. Von oben, wo einige luxuriöse Anwesen liegen, schauen wir noch einmal zurück auf die wunderbare Landschaft, die wir in Ariany aus der anderen Blickrichtung gesehen haben.

Dann geht es wieder abwärts zur Hauptstraße Ma-3301, in die wir zunächst rechts einbiegen, sie aber gleich nach 700 Metern bei der nächsten Gelegenheit nach links wieder verlassen. An einer folgenden Kreuzung fahren wir rechts und damit direkt auf die Ringstraße von Sineu zu. Jetzt haben wir noch die spannende Stadterkundung der **Altststadt von Sineu** vor uns: Und das lohnt sich! Wir radeln auf demselben Weg in den Ort hinein, den wir gekommen sind, zur Plaça es Fossar, fahren an seiner linken Seite hoch, um uns oben in einem spitzen Winkel nach links zu wenden. Jetzt befinden wir uns in Fußgängerstraßen und es ist sicher genussvoller, wenn wir unser Rad durch die engen Gassen schieben. Wir sind frei, nach Belieben umherzustreifen. Schön ist es, uns oben in die erste Fußgängergasse nach rechts zu wenden und in die nächste wieder nach links in die **Carrer Major.** Zur Marktzeit reiht sich in den Gassen ein Stand an den anderen. Aber auch an den anderen Tagen herrscht hier buntes Treiben. Am Ende der Gasse kommen wir automatisch zum zentralen Platz ❽ **Sa Plaça** mit der ❾ **Església de Santa María de Sineu,** die wir schon von Weitem auf der Ringstraße als alles überragendes Kennzeichen des Städtchens nicht übersehen konnten.

Wir werfen einen Blick ins Innere der Pfarrkirche und auch einen auf das Städtchen vom erhöhten Platz, der an der Seite des Kirchenschiffs liegt. Unter dem Glockenturm des Gotteshauses befindet sich **Es Pern del Món** – übersetzt „die Schraube der Welt" –, von der eine lokale Sage erzählt. Zu Silvester treffen sich hier der Rektor und der Bürgermeister, um die Schraube zu ölen, denn sonst würde die Welt untergehen. Was haben wir für ein Glück, dass die beiden diesen Brauch pflegen! Zum Ende unserer perfekten Tour gibt es auf und in den Seitenstraßen dieses Platzes nämlich zahlreiche Möglichkeiten, in ein Restaurant einzukehren, um uns mit mallorquinischen Köstlichkeiten verwöhnen zu lassen. Zum Beispiel im ❿ **La Cocina,** einem urigen Tapasrestaurant, das ausgesprochen schmackhafte und großzügige Variationen der spanischen Spezialität anbietet.

Ein großes Feuer im Mai 1505 zerstörte die Vorläuferkirche, auf deren Grundmauern die heutige ***Església de Santa María de Sineu*** *entstand. In späteren Zeiten wurde die ungewöhnliche achteckige Kuppel auf der Spitze der Kirche hinzugefügt.*

Zum Abschluss unserer Stadterkundung behalten wir hinter dem Platz unsere ursprüngliche Richtung bei – jetzt wieder auf dem Rad –, biegen an der Einmündung nach links in die **Carrer del Bisbe,** danach in die erste Straße nach links, die uns in einem Zickzack rechts und links zu einer Gabelung an einem Dreiecksplatz bringt, wo wir die rechte Möglichkeit nehmen. So kommen wir wiederum im Zickzack hinunter zum großen Platz. Dort gelangen wir durch die **Carrer Gran** zurück zum **Bahnhof**, was wir aufgrund dieser wunderbaren Tour tatsächlich ein wenig bedauern.

Sineu

Maria de la Salut
Ma-3342
Ma-3340
Puig des Rafal
Ariany
Ma-3510
Ma-3511
Ma-3512
Ma-3240
Ma-3240a
Sineu
Puig de Defla
Ma-3301
Puig d'en Genovart
Puig de Son Font
Torrent de Montblanc
Ma-3011
Es Putxet
Ma-3232
Ma-3300
Lloret de Vistalegre
Sa Comuna de Lloret
Ma-3130
Ma-3231
Torrent de Son Vent
Turó de Pinyella
Puig de Sant Nofre
Torrent de Petra
Petra
Ma-3320a
Ma-3310
Pinar de na Simona
Sant Joan
Ma-3220
Ma-3222
Ma-3230

ALLES AUF EINEN BLICK

Entspannung 4/5
Abenteuer 2/5
Vielfalt 5/5

WIE & WANN

Meist wenig befahrene Nebenstraßen und befestigte Feldwege, wenige unbefestigte Wege, zwei kurze Abschnitte auf Hauptstraße. Ein kurzer steiler Abschnitt hinter Maria de la Salut. Ganzjährig befahrbar, kein Schatten, die heißen Sommermonate meiden.

HIN & WEG

Auto: Parken auf der Ringstraße ab dem Bahnhof (Carrer Migjorn), 07510 Sineu
ÖPNV: Bahnhof Sineu

ESSEN & ENTSPANNEN

2 **Panord forn,** Plaça es Fossar 13, 07510 Sineu, Tel. +34 (9 71) 52 06 31, www.panord.es
10 **La Cocina,** Carrer Major 7, 07510 Sineu, Tel. +34 (6 21) 24 97 09

ENTDECKEN & ERLEBEN

1 **Mercat de Sineu,** Plaça es Fossar, 07510 Sineu
3 **Museo y Casa Natal de Fra Junípero Serra,** Carrer des Barracar Alt 6, 07520 Petra, Tel. +34 (9 71) 56 11 49
4 **Plaça de Fra Junípero Serra und Plaça de Ramon Llull,** 07520 Petra
5 **Església de Sant Pere,** Carrer Rectoria 2, 07520 Petra, Tel. +34 (9 71) 56 10 17
6 **Mirador de Sa Creu,** Carrer Marquessos d'Ariany, 07529 Ariany
7 **Molí d'en Marinero,** 07529 Ariany
8 **Sa Plaça,** 07510 Sineu
9 **Església de Santa María de Sineu,** Plaça Sant Marc 1, 07510 Sineu, Tel. +34 (6 44) 59 41 92, www.parroquiasineu.org/inicio

Es Trenc

Land und Meer

Durch Bauernland zum Strand Es Trenc

Wir starten unsere Tour im belebten Badeort **Sa Ràpita** an der Küstenstraße. Wenn wir mit dem Auto gekommen sind, könnten wir in den zahlreichen Nebenstraßen parken oder auf dem ausschilderten, kostenfreien Parkplatz. Aufpassen müssen wir nur, dass wir unsere Reifen nicht durch die im trockenen Gestrüpp am Rand des Parkplatzes verborgenen Dornen beschädigen.

Auf der Küstenstraße mit ihrem Radweg können wir uns zur Einstimmung ein wenig an die felsige Küste setzen und die frische Meeresbrise genießen. Das Rauschen der Brandung und der Blick in die Ferne bestärken uns in dem Gefühl, dass wir auf dieser großartigen Insel eine richtig gute Zeit haben. Dass wir auf unseren Touren immer wieder dem Meer begegnen, macht das beglückende Inselfeeling aus! Vielleicht wollen wir aber auch jetzt vor der Tour schon einmal eine kleine Stärkung in einem der Cafés, zum Beispiel im ❶ **Forn Sa Ràpita,** auf der anderen Straßenseite einnehmen – die Terrassenplätze bieten auch immer den Blick auf das Meer.

Unsere Tour führt uns dann auf dem Radweg der Küstenstraße **Avinguda de Miramar** nach Westen, bis wir bei dem Hinweisschild zur **Urbanització El Paraiso** auf der Carrer del Dofí nach rechts in den Ort hinein und damit gen Hinterland einbiegen. Unser Weg geht schnurgeradeaus – bis an den Rand von Sa Ràpita. Oben biegen wir halb links ab und folgen nun der Straße mit ihrer Rechtskurve immer weiter. Nach einem Gehölz auf der rechten Seite taucht die Siedlung El Paraiso

Kilometer: 37

Höhenmeter: 110

Stunden: 3,5

RUNDTOUR

auf, in der aber noch kräftig gebaut wird. Die Aufwärtstendenz ist jetzt zu Ende. Diese war dann fast die einzige Steigung auf unserer Runde.

Die Straße mündet nach 3 Kilometern in die **Ma-6014,** der wir für weitere 2 Kilometer nach rechts folgen. Sie ist nur mäßig mit Autos befahren. An einer Kreuzung können wir endlich wieder nach links in ein schmales Nebensträßchen abbiegen, das von Trockensteinmauern und Gebüsch begrenzt ist und sich durch die Landschaft windet. Wir folgen diesem und überqueren später die **Ma-6030** zur gegenüberliegenden Straße. Nach 300 Metern biegen wir links ab auf die **Carrer des Ametllers.** Von Mandeln ist hier keine Spur, aber links und rechts auf den Trockensteinmauern hängen die Zweige von Kapernpflanzen herunter. Die bezaubernden filigranen Blüten dieser Pflanzen bekommt man selten zu sehen, da sie nur einen Tag lang blühen. Die Felder dahinter zeugen von einer fruchtbaren Ebene: Wir atmen die beruhigende Atmosphäre des Bauernlands.

Das Sträßchen führt uns direkt auf **Campos** zu, ein authentisches mallorquinisches Städtchen, das wenig bekannt ist und nur als Kreuz verschiedener bedeutender Verbindungsstraßen wahrgenommen wird. Unsere Route führt nach 2,5 Kilometern über die Ortsrandstraße hinüber. An der zweiten Querstraße treffen wir auf einen kleinen Platz und wenden uns nach links einem Kreisel zu. Wir nehmen die zweite Ausfahrt aus dem Kreisel nach rechts zur **Ronda de Catalunya** und biegen dann gleich in die nächste Straße links ein, die uns in gerader Linie zu dem zentralen Platz am Rathaus bringt. Dieser ist gerade frisch renoviert worden und lädt zum Verweilen ein. Auf der anderen Seite des Platzes leuchtet das schmucke Rathaus mit seiner Fassade aus goldfarbenem Marèsgestein und den bunten Länderflaggen. Gegenüber liegt das Café ❷ **Sa Plaça,** wo wir jetzt mit 18 Kilometern in den Beinen bestimmt eine Pause einlegen wollen. Ein *Café con Leche* und die Beine etwas auszustrecken, tut jetzt sicher gut! Nachdenklich sinnieren wir darüber, was es für ein Lebensgefühl wäre, hier in dieser Stadt zu wohnen und zu arbeiten. Bevor wir weiterfahren, könnten wir kurz noch einmal um den Block mit der ❸ **Església Sant Julià** fahren oder schieben.

Für die Seele

Staunend entdecken wir die Vielfalt des fruchtbaren Bauernlands, bevor wir uns am Traumstrand erfrischen.

*Die **Kirche Sant Julià** wurde Ende des 18. Jahrhunderts im neogotischen Stil auf den Fundamenten einer Vorgängerkirche gebaut. Der ältere Glockenturm war vormals ein Wachturm. Innen befinden sich einige wertvolle Gemälde.*

Dazu wenden wir uns hinter dem Rathaus etwa 50 Meter nach rechts, um dann dreimal links fahrend wieder am Platz anzukommen. Hier finden wir ein hübsches innerstädtisches Ensemble mit verkehrsberuhigten Gassen vor und hinter Mauern eine Schule und das Kloster **Convent de Sant Francesc de Paula de Campos.** Zurück am Platz haben wir die Wahl: Wenn wir die Tour etwas abkürzen wollen, biegen wir mit dem Platz im Rücken in die Einbahnstraße nach links ein und fahren sie ganz durch zum bereits gestreiften Kreisel. Von diesem gehts rechts in die zweite Straße, die **Carrer des Palmer.** Wir radeln diese geradeaus durch bis zum Kreisel mit der Ortsrandstraße und auch dahinter weiter geradeaus auf der **Ma-6031** Richtung Es Trenc. Nach 2 Kilometern haben wir dann wieder Anschluss an unsere längere Route.

Für unsere geplante Tour allerdings fahren wir am Rathaus über den Platz zur Straße zurück, die wir gekommen sind, und biegen gleich am Ende des Platzes nach links ab in die **Carrer de Francesc Xavier Ballester.** Diese überquert später die **Ma-19** und führt weiter geradeaus zu einem sehr großen Kreisel, wo wir rechts abbiegen und dann gleich dahinter links in die kleine Straße, die auf dem Camí de Son Xorc wieder ins Campo führt. Jetzt sind wir wieder im Ländlichen und können weiterhin gedankenverloren und entspannt rollen. Unsere Blicke schweifen über das fruchtbare Ackerland. Mediterrane Früchte und Bäume säumen unseren Weg. Der Blick über die Trockensteinmauern zeigt uns einzelne große Privatgrundstücke oder Gehöfte. Hier blühen zu jeder Jahreszeit Blumen am Wegesrand. Im Herbst sehen wir die Früchte des Gra-

natapfelbaums leuchten und können uns auch einige in die Tasche stecken. Eine Plantage mit Quitten erinnert uns daran, dass wir Lust haben, einmal *Membrillo* zu probieren, das wir neulich im Supermarkt entdeckt haben. Es handelt sich um ein festes geliertes Quittenmus, das hier als Brotbelag gegessen wird, gern auch mit Manchegokäse. Die Orangenbäume leuchten im Herbst, wenn die Früchte reifen, und im Frühjahr schmeicheln ihre Blüten mit ihrem verführerischen Duft unseren Sinnen. Der Südosten Mallorcas ist relativ regenarm. Deswegen gab es hier – wie auch in anderen Gegenden der Insel – eine Unmenge an Windrädern, die das Grundwasser förderten und auf die Felder brachten. Heute wird das mit Motorpumpen erledigt. Von den meisten Windrädern sind nur die Torsi übrig, aber auf unserer Tour sehen wir noch einige Prachtexemplare, deren weiße Bespannung in der Sonne weithin glänzt. Auf unserem Weg durch das Bauernland biegen wir nach 3 Kilometern in das zweite Sträßchen **Carreró de Son Xorc** nach rechts ein. Es liegt hinter dem zweiten Sträßchen, das nach links abgeht. Wir radeln anschließend geradeaus, überqueren die Ma-19, wo wir unsere Richtung halten, allerdings ein wenig nach rechts versetzt. An einer Farm mit einer Pferdeweide knickt der Weg nach links ab, später nach rechts.

Die Begegnung mit Pferden hat immer etwas sehr Freundliches, weil die gutmütigen Huftiere gern näher kommen, um uns zu begrüßen. Dabei strecken sie ihre edlen Köpfe neugierig über den Zaun und lassen sich streicheln. Dass wir hier offensichtlich willkommen sind, freut uns und versetzt uns in eine gute Stimmung, sodass wir diese Landschaft mit allen Sinnen in uns aufnehmen. Nach der Rechtskurve treffen wir später auf die **Ma-6040.** Auf ihr müssen wir 400 Meter nach rechts, bevor wir auf der anderen Seite erneut in ein Sträßchen einbiegen können. Wir treffen an der folgenden Einmündung auf die **Ma-6031,** wo auch der verkürzte Parcours wieder zu uns stößt. Wir wenden uns nach links auf dieser von nur wenigen Autos befahrenen Straße. Wenn wir nach 1,5 Kilometern zu einer Gabelung kommen, nehmen wir den rechten Zweig.

Dieser Weg führt uns jetzt nach 6 Kilometern immer geradeaus zum Höhepunkt unserer Tour: dem Strand von ❹ **Es Trenc,** der inzwischen auch ausgeschildert ist! Und das Gute ist: Autos müssen 1,5 Kilometer vorher auf einem Parkplatz gegen Gebühr parken, aber wir mit unseren Fahrrädern können durchfahren! Wenn wir nicht zum Strand wollen, könnten wir jetzt hier schon an den Parkplätzen nach rechts einbiegen: Das würde 3 Kilometer sparen, aber wir sollten uns Es Trenc – selbst wenn kein Badewetter ist – nicht entgehen lassen! Er ist einer der populärsten und längsten Naturstrände Mallorcas. Hinter dem 2,5 Kilometer langen Strandstreifen befindet sich ein Dünen- und Heidegebiet, das unter Naturschutz gestellt worden ist. Es ist der Rückzugsort seltener Vogelarten. Hier am Strand zu liegen, dem sanften Plätschern der Wellen zu lauschen und auf das Meer zu schauen, das je nach Lichteinfall türkis oder smaragdgrün leuchtet, ist fantastisch, einfach ein Hochgenuss. Und nach unserer Bewegungseinheit können wir das Relaxen am Strand richtig genießen: Das ist das richtige Mallorcafeeling! Es fehlen hier die üblichen Annehmlichkeiten der kommerziellen Strände. Aber in **Ses Covetes,** wo wir mit dem Fahrrad ankommen, gibt es Restaurants, die uns vor oder nach dem Bad im Meer und unserer Zeit am Traumstrand reizen könnten. Hier wird in lockerer Strandatmosphäre alles geboten, was das Touristenherz begehrt, und das in guter Qualität! Sehr schön sitzt man im Garten des ❺ **Restaurante Noray.** Um die Aufmerksamkeit von uns Radfahrern auf sich zu ziehen, zieren den Terrassengarten sogar Fahrräder als Dekoration. Da gehen wir doch gern hinein und haben die Wahl zwischen Salaten, Nudelgerichten, Pizza und frischem Fisch. Nach der Einkehr sind es jetzt nur noch 5 Kilometer bis zu unserem Ausgangspunkt in Sa Ràpita. Wir können uns also an diesem schönen Platz viel Zeit nehmen und die Seele baumeln lassen.

Wenn wir uns dann entschließen, weiterzurollen, müssen wir die Stichstraße zurück bis auf die Höhe der Parkplätze und dort nach links einbiegen. Diese Straße führt uns zur **Ma-6030,** wo wir nach links auf einen Radweg fahren. Dieser führt uns – mit Sonne im Herzen – direkt, später in einem Bogen, zur Küstenlinie von **Sa Ràpita** und damit zurück zu unserem Ausgangspunkt.

Restaurante Noray

Campos
Ma-5120
Camí Xorc
Ma-19
Ma-6030
Carrer de sa Ràpita
Carrer des Ametllers
Camí de sa Sorda
Ma-6014
Ma-6015
Ma-6031
Ma-6040
El Paraiso
Sa Ràpita
Son Bieló
Carrer Dofí
Avinguda de Miramar
S'Estanyol de Migjorn
Torrent de Garonda
Ses Covetes
Salines de Llevant

ALLES AUF EINEN BLICK

Entspannung
Abenteuer
Vielfalt

WIE & WANN

Leichte Tour im Flachen, fast durchgehend befestigte kleine Nebenstraßen. Zu jeder Jahreszeit befahrbar, kein Schatten, Mittagshitze im Sommer meiden.

HIN & WEG

Auto: Parken in Nebenstraßen oder auf dem ausgeschilderten öffentlichen Parkplatz, 07639 Sa Ràpita
ÖPNV: Keine Anbindung an die Strecke mit Fahrradtransport

ESSEN & ENTSPANNEN

1 **Forn Sa Ràpita,** Avinguda de Miramar 52, 07639 Sa Ràpita, Tel. +34 (9 71) 64 01 26
2 **Sa Plaça,** Plaça Major 15, 07630 Campos, Tel. +34 (9 71) 16 05 34
5 **Restaurante Noray,** Carrer de Murters, 07639 Ses Covetes, Tel. +34 (9 71) 64 10 65, www.norayestrenc.com

ENTDECKEN & ERLEBEN

3 **Església Sant Julià,** Carrer de la Parròquia 2, 07630 Campos
4 **Es Trenc** (Naturstrand), zwischen Ses Covetes und Colònia de Sant Jordi

Panorama von der Klosterhöhe

Am Rand der Berge

Von Inca durch die Täler

Wir starten am **Bahnhof von Inca.** Mit dem Rücken zum Bahnhof fahren wir rechts hinunter zur Hauptstraße und biegen links ein. Den Einbahnstraßen folgend, radeln wir an der **Gran Via Colom** zuerst nach rechts, in die zweite links, dann an der Einmündung wieder links in die **Carrer d'en Jaume Armengol.** Wir passieren jetzt die Fußgängerstraßen, die uns am Ende noch auf einen Bummel locken könnten. Donnerstags findet auf diesen der große Markt statt. Auf unserer Tour weiter geradeaus passieren wir die Kirche und Kloster ❶ **Sant Domingo de Inca.**

*Der barocke Bau der **Kirche Sant Domingo** wurde um 1670 errichtet, das dazugehörige ehemalige Kloster 1730. Der kürzlich renovierte quadratische Innenhof wird heutzutage für Kulturevents genutzt, zum Beispiel für die Veranstaltungen des IncaJazz im Juli.*

Kurz danach landen wir an der **Plaça des Blanquer.** Am Platz liegt das gehobene ❷ **Joan Marc Restaurant.** Wir schauen schon einmal auf die Speisekarte und die Öffnungszeiten. Joan-Marc hat die Küche Mallorcas mit den traditionellen Zutaten auf ein Gourmetniveau gehoben. Vielleicht wollen wir ja am Ende unserer Tour hier zu einem formidablen Mittagessen oder köstlichen Tapas einkehren. Wir könnten uns auch entschließen, abends zurückzukommen, um eines seiner ausgefeilten Menüs zu genießen. Aber zunächst wollen wir die Tour fahren und folgen weiter der Straße bis zum Kreisel am Ortsrand. Wer Lust hat, das nach mallorquinischer Baukunst errichtete ❸ **Monasterio Sant Bartomeu** zu besuchen, fährt hier nach rechts auf einen Hügel hinauf, auf dem das Kloster thront. Oben biegen wir den Einbahnstraßen folgend nach rechts und in die zweite nach links, danach wieder links und rechts: So kommen wir an den Rand des Hügels, genießen den weiten Blick auf das Tal

Kilometer: 30

Höhenmeter: 230

Stunden: 3

RUNDTOUR

Sant Domingo de Inca

und die dahinterliegenden Berge. Der Eingang zum Klosterareal liegt etwas unterhalb. Durch zwei Zugänge ist die Klosterkirche vom Innenhof her erreichbar.

Für unsere Tour jedoch biegen wir am Kreisel nach links ein und wählen dann in einer Kurve die dritte Straße rechts – den **Camí Vell de Biniamar.** Jetzt sind wir wieder unmittelbar auf einer kleinen Straße im Ländlichen mit einem wunderbaren Blick auf Felder und Berge: Das sind die Straßen, die wir Genussradler lieben! Wenn sich der Weg gabelt, bleiben wir rechts und fahren bis zu einer schlecht einsehbaren Kreuzung mit einem weiteren schmalen Sträßchen, in das wir rechts einbiegen. Wir überqueren danach die Verbindungsstraße Inca–Mancor und radeln gegenüber weiter nach Selva. Das Gelände rechts von uns senkt sich ab. Wir steigen vom Rad und genießen noch einmal die wunderbare Fernsicht in die Ebene.

Für die Seele

Mit wunderbaren weiten Ausblicken rollen wir durch Dörfer des Vorhügellandes.

Danach kommt die Abfahrt Richtung Selva: Das malerische Städtchen mit seiner Kirche ganz oben auf dem spitzen Hügel liegt links von uns. Sich mit dem Fahrrad auf die Spitze von Selva hinaufzuwinden, ist harte Arbeit und eher etwas für unsere Kollegen mit elektrischer Verstärkung am Rad. Warum also nicht hier unten kurz vor der Querung der **Ma-2130** die Fahrräder anschließen und gleich hier links zu Fuß hinauf auf die **Plaça Major** mit der Kirche laufen? Dieser Platz mit der **4 Església de Sant Llorenç de Selva** auf der einen Seite ist ein magischer Ort. Noch schöner wird es, wenn wir dann die paar Schritte links von der Kirche zum Aussichtspunkt **Es Parc** gehen und dort das grandiose Panorama nach Norden bis zum Meer und die dazwischenliegende hügelige grüne Landschaft und nach Westen auf die Gebirgskette der Tramuntana genießen. Und falls uns danach ist, könnten wir auch noch einen schnellen Kaffee in einer der Bars an dem kleinen Platz zu uns nehmen.

Das 1534 gegründete ***Monasterio Sant Bartomeu*** *am Rand von Inca hat einen beeindruckenden Kreuzgang aus dem 17. Jahrhundert. Im Museum des Klosters befindet sich eine eindrucksvolle Sammlung von Werken der bedeutendsten Maler Mallorcas des 16. Jahrhunderts.*

Zurück bei den Fahrrädern, queren wir jetzt die Hauptstraße **Ma-2130** und rollen auf der gegenüberliegenden Seite hinunter ins Campo, in ein Tal mit vielen kleinteiligen Grundstücken, die von den Mallorquinern meist landwirtschaftlich genutzt werden. Ganz am Anfang müssen wir unbedingt kurz stoppen, um auch von hier unseren Blick in das Tal vor Selva schweifen zu lassen. Und in der Ferne erblicken wir das verlockende Blau des Meeres! Genüsslich abwärtsrollend mit dem erfrischenden Fahrtwind um die Ohren, biegen wir nach 1 Kilometer am zweiten Weg links ab. Sollten wir einen Bach überquert haben, sind wir zu weit gefahren. Wir folgen diesem Weg und biegen rechts ab, aber nicht in den ersten, eine Sackgasse, der zu einem Müllabladeplatz (*Depuradora*) führt. Kurz danach, an einer Vereinigung mit einem anderen Weg, halten wir uns links und bleiben auf diesem Weg für 2 Kilometer, bis wir die zweite Gelegenheit, nach links abzubiegen, nutzen.

Diese wunderschöne Strecke führt nach **Moscari** hinauf und ist die sanfteste Möglichkeit, das Dorf auf dem Hügel zu erreichen. Links und rechts erfreuen uns Gräser am Wegesrand, in denen sich im Frühjahr der wilde grüne Spargel versteckt. Weiter oben am Hang wird neuerdings auch Wein angebaut, der den Siegeszug der Weine Mallorcas fortschreiben soll. Kurz bevor wir unser Ziel erreicht haben, genießen wir einen weiten Blick wiederum bis zu unserem geliebten Meer. Erneut ist uns eine fantastische Aussicht über die lieblich gewellte Landschaft vergönnt. Wir können uns gar nicht trennen! In die Dorfstraße biegen wir rechts ein und fahren vor der Kirche nach links Richtung Tramuntana. Wenn wir die richtige Zeit erwischt haben, hat hier die Bar **5 Es Pou** mit ihren stimmungsvollen Außenplätzen vor der kleinen Kirche geöffnet. Wir schauen kurz in den Innenraum, da hier häufig interessante Fotoserien ausgehängt werden. Etwas abwärts passieren wir linker Hand den

Brunnen, nach dem die Bar benannt worden ist. Nach einem kurzen Gegenanstieg am Ortsausgang rollen wir locker 1,5 Kilometer bergab zu einer Kreuzung zweier Sträßchen. Wir radeln nach links durch ein wunderschönes Tal, treffen später auf die Verbindungsstraße Moscari–Selva, der wir aber nur 200 Meter nach rechts folgen, um dann schon wieder die kleine Straße rechter Hand nach Caimari zu nehmen. Wir bleiben auf dem deutlich erkennbaren Verlauf der Straße und biegen nicht nach rechts ab.

Am Ortseingang von **Caimari** überqueren wir die Verbindungsstraße, die hinauf nach Lluc führt. Ein kurzes Stück nach links liegen in den Olivenhainen das Restaurant **6 Sa Tafona de Caimari** und der Souvenirshop der Olivenölbauern, wo wir ein Mitbringsel erwerben oder an einer Ölverkostung teilnehmen können. Während der Ernte zwischen Oktober und Dezember ist es Besuchern gestattet, den gesamten Prozess der Olivenölherstellung zu verfolgen. Auch im Restaurant gibt es natürlich Brot mit Olivenöl sowie andere mallorquinische Spezialitäten.

*Am dritten Wochenende im November findet in Caimari die Olivenmesse **Fira de s'Oliva** statt, auf der Produkte der Handwerker, Lebensmittel aus der Region sowie Oliven und Öl verkauft werden. Dann wird auch die historische Ölmühle in Betrieb genommen.*

Für unsere Tour folgen wir dem Schild, das gegenüber den Weg nach Mancor de la Vall weist. Eine schöne Strecke erwartet uns in diesem Tal, durch das wir uns durchwinden – rechts begleitet uns das Massiv der Tramuntana und links ein erstaunlich steiler Hügel. Umwachsene Felsbrocken liegen links und rechts des Sträßchens, als wenn Riesen ihre Schuhe ausgeleert hätten. Die ersten 2 Kilometer steigen sanft an. Aber die dann folgenden 2 Kilometer geht es wiederum abwärts nach **Mancor de la Vall** hinein. Der Ort liegt am Gebirgsrand und lohnt eine Erkundung der engen Gassen. Wenn wir weiterfahren wollen, nehmen wir nach unserer Ortseinfahrt zum Beispiel die zweite Straße links oder auch jede andere, die uns hinunter zu einem Kreisel führt, von dem die Verbindungsstraße nach Inca abgeht. Mancor de la Vall liegt am Fuße der Tramuntana, weshalb hier kein Durchgangsverkehr möglich ist. Entsprechend ist diese Straße nicht sehr befahren. Wir folgen der Verbindungsstrecke 1,5 Kilometer in Abwärtsfahrt und biegen dann rechts nach **Biniamar** ab.

Nach Baubeginn der ***Església Nova*** *ging den Erbauern das Geld aus. Es steht fest: Dieser über 100 Jahre alte Kirchenbau ohne Dach bleibt unvollendet. Der offene Innenraum wird für Sportunterricht und manchmal für Trauungen oder Konzerte genutzt.*

In Biniamar angekommen – auf der Höhe einer Bar und einer kleinen Kirche –, biegen wir links ab in die kleine Gasse (nicht in die Straße) und halten damit direkt auf die riesige ❼ **Església Nova** zu, die – wie wir erst jetzt erkennen können – gar kein Dach hat und im Inneren als Ballspielplatz hergerichtet ist.

Wir können hier am Platz vor der Kirche eine Pause in der Bar ❽ **Sa Tafona** einlegen, wie es auch viele Radsportkollegen tun. Danach rollen wir weiter geradeaus – abwärts – auf Lloseta zu. Hinter einer Rechtskurve biegen wir links ab und kommen so zum Ortseingang von **Lloseta.** An der Kreuzung gabeln sich Hauptstraßen: Wir nehmen die linke der beiden in Geradeausrichtung. Nach 300 Metern geht in spitzem Winkel eine Straße nach links und führt auf einer Brücke über die Bahnlinie. Wir befinden uns jetzt nach den Tälern der Vorhügel wieder in der Ebene auf

Biniamar

einer Fahrradstraße, die uns vorbei an blühenden Gärten und fruchtbaren Feldern nach Inca hineinführt. Das ist zu jeder Jahreszeit ein bezaubernder Anblick. Wir sind ganz verliebt in die abwechslungsreiche Natur dieser schönen Insel!

Später am Ortseingang von Inca beachten wir die Einbahnstraßen und fahren zunächst links, die nächste rechts und die zweite wiederum rechts, die uns dann durch ein Neubaugebiet von **Inca** führt. An der deutlich erkennbaren Hauptstraße **Avinguda de General Luque** angelangt, biegen wir nach links ab – später fahren wir unter der Bahn hindurch und sind damit wieder an unserem Ausgangpunkt angekommen. Jetzt können wir uns überlegen, ob wir noch einmal die Fußgängerstraßen entlangschlendern und eventuell in eins der Cafés einkehren wollen – oder vielleicht zu Joan-Marc ins Restaurant. Ein zusätzliches Highlight haben wir donnerstags, wenn hier der umfangreiche Wochenmarkt **9 Mercat setmanal d'Inca** abgehalten wird.

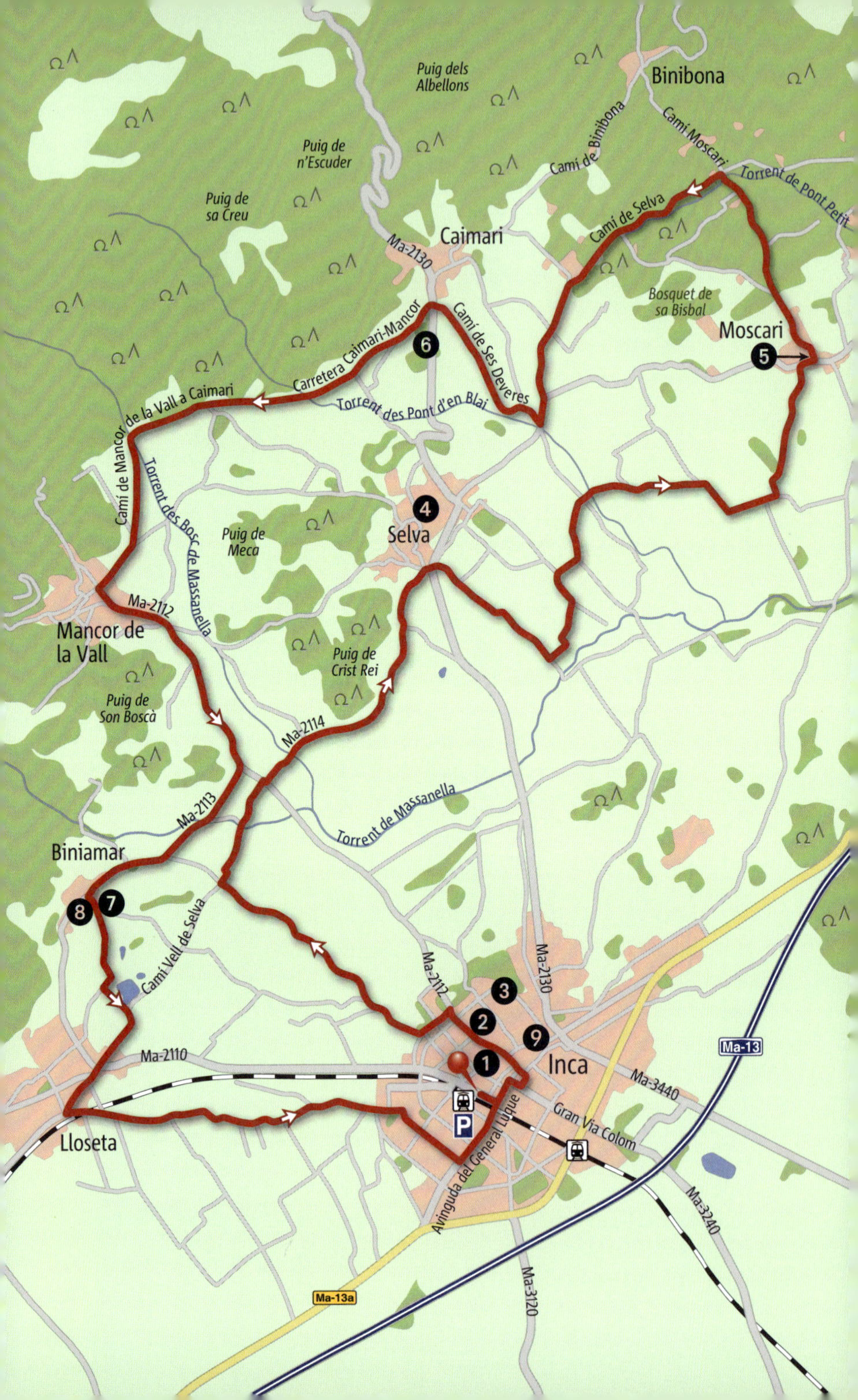

Puig dels Albellons
Binibona
Camí de Binibona
Camí Moscari
Torrent de Pont Petit
Puig de n'Escuder
Puig de sa Creu
Caimari
Ma-2130
Camí de Selva
Bosquet de sa Bisbal
Moscari
5
Carretera Caimari-Mancor
Camí de Ses Deveres
6
Torrent des Pont d'en Blai
Camí de Mancor de la Vall a Caimari
Torrent des Bosc de Massanella
Puig de Meca
4
Selva
Ma-2112
Mancor de la Vall
Puig de Crist Rei
Puig de Son Boscà
Ma-2114
Torrent de Massanella
Ma-2113
Biniamar
8
7
Camí Vell de Selva
Ma-2112
Ma-2130
3
2
9
1
Inca
Ma-2110
Ma-3440
Ma-13
Gran Via Colom
Avinguda del General Luque
Lloseta
Ma-3240
Ma-13a
Ma-3120

ALLES AUF EINEN BLICK

Entspannung ●●●●○
Abenteuer ●●●●○
Vielfalt ●●●●○

WIE & WANN

Befestigte, kaum befahrene Nebenstraßen, ein sanfter Anstieg nach Moscari. Ganzjährig befahrbar, kein Schatten.

HIN & WEG

Auto: Parken in Bahnhofsnähe in der Avinguda del General Luque, 07300 Inca
ÖPNV: Bahnhof Inca

ESSEN & ENTSPANNEN

2 **Joan Marc Restaurant,** Plaça des Blanquer 10, 07300 Inca, Tel. +34 (9 71) 50 08 04, www.joanmarcrestaurant.com
5 **Es Pou,** Carrer des Pou 1, 07316 Moscari
6 **Sa Tafona de Caimari,** Ctra Inca–Lluc, Kilometer 6, 07314 Caimari, Tel. +34 (9 71) 87 35 77, www.satafonadecaimari.com
8 **Sa Tafona Biniamar,** Carrer des Paradís 19, 07369 Biniamar, Tel. +34 (9 71) 51 42 72

ENTDECKEN & ERLEBEN

1 **Sant Domingo de Inca** (Kirche und Kloster), Avinguda de les Germanies 23, 07300 Inca, Tel. +34 (9 71) 50 05 65
3 **Monasterio Sant Bartomeu,** Carrer de ses Monges 129, 07300 Inca, Tel. +34 (9 71) 50 09 52
4 **Església de Sant Llorenç de Selva,** Plaça Major, 07313 Selva
7 **Església Nova,** Carrer Sant Pau 5, 07369 Biniamar
9 **Mercat setmanal d'Inca,** Fußgängerzone und Plätze rund um die Kirche, 07300 Inca

Auf dem Kalvarienberg

Stille Wege

Eine Runde ab Manacor

Am Ausgang des **Bahnhofs Manacor** wenden wir uns auf der großen, quirligen **Avinguda d'Es Tren** nach rechts. 700 Meter später – hinter einem **Kreisel** die dritte Straße – biegen wir dann an der **Plaça Francesc de Borja Moll** rechts ab, fahren die ansteigende Straße hoch und wieder runter. In die dritte Straße radeln wir links und vor dem nächsten Miniplatz halb rechts. So gelangen wir zur Ortsrandstraße, wo wir bei einer Autoanreise auch parken können.

Gegenüber beginnt etwas nach links versetzt der **Camí de Son Fangós,** auf dem wir jetzt für lange Zeit durchs Campo radeln. Es ist herrlich, im Flachen einfach nur durch die Landschaft zu rollen und dabei die weiten Ausblicke auf Felder sowie die mit Wildblumen bewachsenen Wegesränder und Wiesen zu genießen. Besonders im Frühling, wenn zu Hause noch alles grau daniederliegt, ist dies eine wahre Augenweide und macht uns glücklich, vielleicht sogar ein bisschen übermütig. Diesem Weg mit seinen Verlängerungen folgen wir im Verlauf für ganze 8 Kilometer, überqueren kurz vor Schluss die **Ma-5110** und enden dann an der Verbindungsstraße **Ma-5111.** Hier halten wir uns rechts und können schon nach 300 Metern links unseren Weg durch die Landschaft auf Nebensträßlein fortsetzen. Wir folgen dieser Straße mit einer Rechts-links-Kurve. An einer Einmündung fahren wir rechts. Die Straße knickt nach links und führt zu einer weiteren Einmündung, wo wir uns wiederum nach links wenden. Damit ändern wir unsere Richtung gen Süden und rol-

Kilometer: 55
Höhenmeter: 440
Stunden: 5
RUNDTOUR

len jetzt immer geradeaus auf **Felanitx** zu – nach wie vor im Flachen. Wir treffen auf blühende Wiesen und linker Hand auf Feuchtgebiete, wo Frösche quaken und sogar Enten schwimmen – eine Gelegenheit, anzuhalten und vielleicht noch ein schönes Foto zu machen. Unterwegs vereinigt sich unsere Route dreimal mit dazukommenden Straßen.

Wir überqueren am Ortsrand an einem großen Kreisel die Umgehungsstraße und halten weiterhin – jetzt auf einem Radweg – geradeaus auf das Zentrum zu. Leider verhindern Einbahnstraßen, dass wir geradeaus durchkommen; deswegen biegen wir mit der **Ma-14** rechts und gleich wieder links ab und lassen uns von ihr zur **1 Plaça Espanya** führen. Am Platz gibt es zahlreiche Cafés: Wir sind jetzt 20 Kilometer gefahren und haben bestimmt eine kleine Erfrischung verdient. Dies sollten wir auch nutzen und die Beine von uns strecken, denn nach der Pause haben wir noch etwas Besonderes vor. Dieser Platz ist Treffpunkt der Mallorquiner und Residenten, die hier in großer Lautstärke ein Schwätzchen halten. Wir tauchen damit so richtig in das Lebensgefühl Mallorcas ein. Nach der Pause müssen wir unbedingt die paar Meter zur Pfarrkirche **2 Església Sant Miquel** fahren. Das imposante Gotteshaus erreichen wir, indem wir den Platz auf der gegenüberliegenden Seite verlassen und durch die kleine Geschäftsstraße radeln. Das Erklimmen der großen Freitreppe ist ein Muss. Von unten und oben machen wir Erinnerungsfotos. Drüben auf dem Plätzchen gibt es noch einen hübschen Brunnen und eine interessante Skulptur zu entdecken. Wer jetzt Lust auf ein kleines Extra hat, erkundet nun das etwas erhöhte Altstadtviertel hinter der Kirche. Dazu biegen wir mit der Kirche auf unserer linken Seite nach links ein. Bald treffen wir auf eine Fußgängerstraße, wo es sich lohnt, sein Rad einmal durchzuschieben. Die zweite nach rechts, die lange **Carrer des Call,** führt – wie wir jetzt sehen – schnurgerade auf eine Treppe zu. Das macht uns neugierig. Wir erkennen in dieser Seitenstraße an den ärmlichen Häuserfassaden, dass Felanitx weit entfernt ist von der Pracht Palmas oder beispielsweise Pollenças. Wenn wir nun die Treppe am Ende der Straße erkunden wollen, müssen wir die

Für die Seele

Wir genießen blumige Wiesen und bezaubernde Aussichten zum Meer.

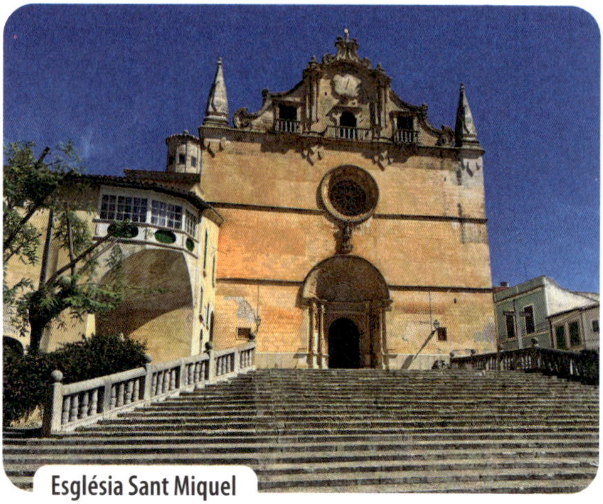

Església Sant Miquel

Räder gut anschließen und uns zu Fuß auf den Weg machen. Wir sehen bald, dass sie wie in Pollença auf einen Berg hinaufführt.

Gut, dass wir eine großzügige Kaffeepause eingelegt haben. Diese lange **3 Escales del Calvari** führt hinauf auf einen Kalvarienberg mit einer kleinen Kapelle auf der Spitze. Je weiter man hochkommt, umso besser wird die Aussicht, die uns noch einmal einen ganz anderen Blick auch auf die bereits zurückgelegte Strecke bietet. Das ist wirklich begeisternd! Wir fühlen uns frei und glücklich hier oben: Das ist Urlaubsgefühl! Zurück auf der Fußgängerstraße könnten wir noch nach rechts weiter durchschieben und in die erste Straße nach links – jetzt wieder pedalierend – einbiegen, die **Carrer des Sol.** An der Einmündung biegen wir links ab, kommen zur kleinen **Plaça de la Constitución;** dort links eingebogen, erreichen wir die Markthalle, die wir halb umrunden und so dann zurück zur Kirche gelangen. Vor der mächtigen Freitreppe vereinigen wir uns wieder mit denen, die diese kleine Exkursion nicht mitgemacht haben. Mit der Kirche auf unserer rechten Seite fahren wir jetzt weiter die schmale, sich schlängelnde Straße geradeaus

Escales del Calvari

bis zur Kreuzung mit dem großen vierspurigen **Passeig de Ramon Llull,** auf dem wir vorhin in den Ort hineingefahren und dann abgebogen sind. An dieser Stelle halten wir uns rechts und bleiben auf der Route bis zum Kreisel hinter dem Ortsende. Dort nehmen wir die zweite Ausfahrt mit dem **Wegweiser Son Proenç** zu einem Sträßchen. Wunderbar geht es jetzt noch einmal durch flache Felder: Wir genießen den Weitblick und fühlen uns frei; in der Ferne sehen wir schon den Hügel, den wir überwinden werden. Die Straße führt uns mit einigen Kurven zu einer Gabelung mit einem Gatter und dem Wegweiser zu einem Hotel. Wir nehmen jetzt den Weg nach links, der auf ein Waldstück auf einer Kuppe zuführt, wo für 1,5 Kilometer die Asphaltierung aufhört. Hier fängt unser Abenteuer an! Je nach Zustand des Weges müssen wir vielleicht einen Teil der Auffahrt für 1 Kilometer schieben. Und abwärts müssen wir gut auf eventuell loses Geröll achten. Aber es lohnt sich: Oben duftet es nach Ginster! Hier fühlen wir uns mit der ursprünglichen Natur Mallorcas verbunden. Am Ende des Waldstücks auf dem Hügelrücken in einer Linkskurve sehen wir rechts ein wunderschönes Tal. Es scheint in Privatbesitz zu stehen, aber das Schild am Tor erlaubt einen Besuch.

Unsere Tour jedoch geht halb links auf neu geteerter Straße wunderbar abwärts ins nächste Tal. Dies ist jetzt unsere Belohnung! So rollen wir genussvoll in das verträumte Örtchen **Son Macià** ein, in das wir an der ersten Straße rechts abbiegen. Wir kommen zu einem kleinen Platz, wo wir auch Bars und Restaurants finden. Das sollten wir nutzen, denn die nächste Einkehrpause ist erst wieder in Manacor möglich. Unkompliziert gleich rechts liegt das durchgehend geöffnete, freundliche **④ Café Nou,** wo wir köstlichen Kaffee und frische mallorquinische Küche genießen können.

Anschließend setzen wir unsere Tour auf der Straße fort, auf der wir in den Ort hineingekommen sind, biegen am Dorfrand rechts ab und dann gleich in die nächste Straße links, die uns gewunden für 1 Kilometer sanft den nachfolgenden Hügel hinaufführt. Schon auf halber Höhe haben wir wunderbare Ausblicke zurück ins Tal! An den Hängen weiden die allgegenwärtigen Schafe mit ihren Glöckchen. Das macht den Klang der Landschaft aus, den wir immer mit Mallorca verbinden werden! Und es wird noch besser: Der Rest dieser Straße bis zur Einmündung in die **Ma-4015** gehört zu den schönsten und einsamsten Strecken in diesem Teil Mallorcas. Bewachsene Trockensteinmauern begleiten das Sträßchen, das sich – nun abwärts – durch die liebliche Landschaft windet. Hier sind wir so gut wie allein und genießen unsere sanfte Abwärtsfahrt! Und bestimmt preisen wir innerlich das ländliche Mallorca weitab vom Trubel in den Badeorten.

Nach 5 Kilometern fahren wir an einer Einmündung nach rechts in die **Ma-4015** und biegen bei nächster Gelegenheit wieder links ab. Nun radeln wir auf einem Geländerücken parallel zur Küstenlinie und erhaschen in der Ferne atemberaubende Blicke auf das Blau des Meeres. Weinberge fangen die Sonnenstrahlen ein. Wir erahnen die weißen Betonbauten der Hotels an der Küste, denen wir uns mit unserer Tour entzogen haben. Es geht sanft auf und ab. Nach weiteren 5 Kilometern an einer Einmündung treffen wir erhöht

Via Verde

auf die große **Ma-4020,** die unten in einem Landschaftseinschnitt liegt. Um einen Umweg zu vermeiden und die Straße zu erreichen, schieben wir wegen eines Einfahrtsverbots die paar Meter nach links hinunter. Wir müssen ihr jetzt 800 Meter nach links folgen, folglich also die Straßenseite wechseln. Vorsicht beim Überqueren der Straße: Motorisierte Fahrzeuge kommen sehr schnell von einer Kuppe herunter und sind dadurch erst spät zu sehen. Später dann – hinter einer aufgelassenen Kiesgrube am ersten Sträßchen nach rechts – biegen wir wieder in die grüne Landschaft ein. Die Straße ist in einem weniger guten Zustand, aber dafür beglücken uns hier völlige Einsamkeit und Stille. Nur die Schafe sind wie immer bei uns. Gelbe Blüten säumen den Wegesrand. Beim Abwärtsrollen müssen wir wegen der Schlaglöcher die Augen offen halten. Das Sträßchen windet sich kurvenreich durchs Grün Mallorcas. Wenn wir dann später die **Ma-4021** überquert haben, bleibt es eng, ist aber nun in einem makellosen Zustand. Wir müssen jetzt ein wenig aufwärtsfahren, vorbei an einigen Gehöften und Privathäusern.

Wenn wir oben auf der Kuppe kurz anhalten und verschnaufen, treffen wir links auf einer Weide ein paar Pferde, die neugierig ihre Nasen über den Zaun stecken und uns begrüßen wollen. Jetzt geht es wieder abwärts. An einer kommenden Gabelung nehmen wir den linken Zweig. Danach an der Einmündung biegen wir links ab und halten nach einer Rechtskurve auf die Bahntrasse **5 Via Verde** zu. Bahntrassen sind ein Glücksfall für uns Radfahrer, weil sie uns gemächlich – mit nur sehr moderaten Aufs und Abs – mitten durch die Landschaft führen. Mal sind wir auf einem Damm mit bester Aussicht, mal vermeiden wir eine Erhebung durch einen Landschaftseinschnitt. Dazu kommen dekorative Brücken und vielleicht sogar Tunnel. Unsere Tour geht jetzt hier nach links. Für ein besonderes Erlebnis könnten wir optional allerdings noch zweimal 2 Kilometer investieren und nach rechts – dann sogar durch einen Tunnel – zum ehemaligen Bahnhof Sant Llorenç oberhalb des Ortes rollen, der inzwischen in das Café mit Restaurantbetrieb **6 s'Estació** mit attraktiver Karte verwandelt ist. Naturgemäß liegt unser Ziel direkt an der Trasse. Es ist eine Freude, dass dieses Gebäude nach langem Leerstand so eine schöne Nutzung erfährt. Von der Terrasse genießen wir den Blick über den unten liegenden Ort und die Landschaft drum herum. Einzelradler und auch Gruppen surren vorbei an unserem Tisch auf der Bahnsteigkante. Da die Trasse zurück nach Manacor hauptsächlich sanft abwärtsführt und keine Anstrengungen mehr birgt, könnten wir uns dort sogar statt eines Snacks für eines der hervorragenden Menüs entscheiden.

Alle, die diesen kleinen Abstecher gemacht haben, sind bestimmt zufrieden mit den zusätzlich investierten 4 Kilometern. Wie dem auch sei: Ab unserem Auftreffen auf die Bahntrasse sind es noch 6 Kilometer bis Manacor. Wenn wir dann am Ende der Bahntrasse am Stadtrand von **Manacor** rechts abbiegen auf den **Passeig del Ferrocarril,** führt der uns in einem langen Bogen zurück zum Bahnhof.

Església Nostra Senyora dels Dolors

Interessanter jedoch ist es, Manacor auf dem Weg zum Bahnhof noch einmal in seiner Mitte zu durchfahren und einen Blick auf die zentrale 7 **Església Nostra Senyora dels Dolors** zu werfen. Dazu wenden wir uns am Ende der Via Verde nach links zum sichtbaren Kreisel und biegen dort rechts auf die große Avinguda mit dem breiten Flanierstreifen in der Mitte, den **Passeig d'Antoni Maura,** ein. Am Ende – wenn es geradeaus nicht mehr weitergeht – biegen wir links ab und befinden uns nach kurzer Distanz an der zentralen Kirche, vor der ein beeindruckender uralter Olivenbaum steht.

*Die **Pfarrkirche Nostra Senyora dels Dolors** ist ein relativ neues Bauwerk im neugotischen Stil. Sie ist mit 80 Metern das höchste Gebäude Mallorcas, das mit seinem Turm sogar die Kathedrale von Palma mit ihren 67,5 Metern überragt.*

Diese umrunden wir linksherum auf Fußgängerwegen zur **Plaça del General Weyler** und **Plaça sa Bassa.** Am Wochenende ist es an diesem Treffpunkt der Einwohner Manacors sehr lebhaft. Da sitzt man dann in den Cafés und lauscht den vielleicht vorbeiziehenden Straßenmusikern, die ordentlich Stimmung verbreiten. Und die Cafébesucher singen manchmal auch mit: Wir staunen und fühlen uns hier so wohl, dass wir für immer bleiben möchten. Aber nach einer Weile müssen wir doch wieder aufbrechen: Am Ende des zweiten Platzes fahren wir geradeaus in die rechte von zwei Straßen, die **Carrer D'En Francesc Gomila.** Diese radeln wir eine Weile durch und biegen an der vierten Straße links ab, die uns zu einem dreieckigen Platz bringt. Diesen überqueren wir direkt und fahren auf der anderen Seite geradeaus weiter.

So kommen wir zur vierspurigen **Avinguda d'Es Tren.** Ein wenig nach rechts gewandt, haben wir schon den Vorplatz zum Bahnhof erreicht. Wer sein Auto am Stadtrand geparkt hat, kehrt von der Plaça General Weyler zum Olivenbaum vor der Kirche zurück, folgt der Straße weiter bis zur nahe liegenden **Plaça de Ramon Llull,** wo montagvormittags auch der Wochenmarkt stattfindet, biegt dort rechts ein und fährt bis zum **Kreisel** vom Anfang der Tour. Dann gehts den kurzen schon beschriebenen Weg entlang, um zum Camí de Son Fangós zurückzukommen.

Manacor
Vilafranca de Bonany
Felanitx
Son Macià
Portocristo
Cala Anguila-Cala Mendia
Puig de Son Galiana
Puig de na Mancada
Muntanya de sa Vall
Puig de So na Moixa
Puig de sa Bandera
Via Verde
Camí de Son Fangós
Torrent de Boscana
Rieró de na Borges
Torrent de Son Vaquer
Torrent de Son Valls
Torrent de Son Caules
Ma-15
Ma-14
Ma-15c
Ma-3320
Ma-3321
Ma-3322
Ma-4020
Ma-4021
Ma-4022
Ma-4015
Ma-4014
Ma-4010
Ma-5100
Ma-5110
Ma-5111
Ma-5120
P
1
2
3
4
5
6
7

ALLES AUF EINEN BLICK

Entspannung
Abenteuer
Vielfalt

WIE & WANN

Leichte Tour mit drei kleinen Steigungen in der Mitte, eine davon nicht asphaltiert (1,5 Kilometer). 6 Kilometer auf ehemaliger Bahntrasse mit wassergebundener Decke. Zu jeder Jahreszeit befahrbar, besonders schön im Frühling, kein Schatten.

HIN & WEG

Auto: Parken an der Ortsrandstraße am Camí de Son Fangós, 07500 Manacor
ÖPNV: Bahnhof Manacor

ESSEN & ENTSPANNEN

1 **Plaça Espanya,** 07200 Felanitx
4 **Café Nou,** Camí sa Plana 2, 07509 Son Macià, Tel. +34 (9 71) 55 10 63, bar-nou-cafeteria.negocio.site
6 **s'Estació,** Camí de s'Estació, 07530 Sant Llorenç, Tel. +34 (8 71) 25 19 33, estaciorestaurant.cat

ENTDECKEN & ERLEBEN

2 **Església Sant Miquel,** Plaça de sa Font de Santa Margalida 6, 07200 Felanitx, Tel. +34 (9 71) 58 00 56
3 **Escales del Calvari,** 07200 Felanitx
5 **Via Verde**
7 **Església Nostra Senyora dels Dolors,** Plaça del Rector Rubí, 07500 Manacor, Tel. +34 (9 71) 55 09 83

Ganz gemütlich

Um den Incaberg

Wir starten an der **Bahnstation Llubí,** wo wir, wenn wir mit dem Auto gekommen sind, auf dem Pendlerparkplatz parken können. Vom Bahnhof kommend, wenden wir uns an der kreuzenden Straße nach links, überqueren die Gleise auf der Brücke und folgen unserem Weg zwischen Feldern entspannt in die Ebene hinein. Links und rechts geleiten uns liebliche Weiden. Bald müssen wir einmal die Hauptstraße **Ma-3500** überqueren. Gegenüber setzen wir unsere Fahrt fort bis zur Einmündung, wo wir rechts abbiegen und uns zwischen Äckern, Weiden und Plantagen des Lebens freuen. Im Frühjahr verzaubert uns der Duft der Orangenblüten, der von den Plantagen herüberweht. Die frisch gepflügte Ackererde leuchtet uns zinnoberrot entgegen. Hier in der beruhigenden Stille genießen wir es, nur das Surren unserer Reifen zu hören. Dann, an der später kommenden Kreuzung, fahren wir links und sind damit auf der nördlichen Seite des Incabergs, den wir ja umrunden wollen. Jetzt versetzt uns das Bimmeln der Schafsglocken auf den Weiden mit den knorrigen Johannisbrotbäumen in eine träumerische Stimmung. Bei Sonne sehen wir die Schafe malerisch unter den hohen Bäumen versammelt liegen, die mit ihren großen Kronen Schatten spenden. Die frisch geborenen Lämmer hüpfen fröhlich herum und rufen nach ihren Müttern.

An der nächsten Kreuzung müssen wir nach links einbiegen; ein paar Meter weiter in Geradeausrichtung jedoch könnten wir die Gehege einer riesigen **Pferdefarm** besichtigen.

Kilometer: 20

Höhenmeter: 150

Stunden: 2

RUNDTOUR

Eine Unzahl großer und kleiner Pferde tummelt sich hier, dekorativ begleitet von neugierigen Kuhreihern. Mit etwas Geduld kommen die Huftiere auch an den Zaun und begrüßen uns. Nachdem wir an der Kreuzung links auf die große Gerade eingebogen sind, wird uns noch einmal klar: Wir sind mitten im ländlichen Mallorca! Dies ist jetzt der alte Verbindungsweg zwischen Sa Pobla und Inca, der **Camí Vell d'Inca a Sa Pobla,** auf dem wir gemütlich entlangradeln können: links von uns der Berg, rechts weite Wiesen, Felder und aufgelassene Grundstücke. Nach 2 Kilometern kommt von links die Straße hinzu, die in Serpentinen hoch auf den Incaberg führt, der eigentlich Puig de Santa Magdalena heißt. Der Berg ist ein wirklich attraktives Ziel, das Erklimmen jedoch ist harte Arbeit und wohl eher etwas für die Kollegen von der Rennsportabteilung. Aber den einen oder anderen Radfahrer mit elektrischer Unterstützung könnte der Berg reizen und er würde für seine Mühen reich belohnt werden: Oben hat man einen fantastischen Rundumblick über die ganze Ebene **Es Pla** mit ihren vielen Einzelbergen wie unserem Incaberg. Dazu gibt es hier noch eine kleine Wallfahrtskirche und das **1 Restaurant Puig de Santa Magdalena** mit spektakulärer Aussicht

Für die Seele

In lieblicher Natur rollen wir seelenvergnügt um den Incaberg, den Puig de Santa Magdalena, herum.

über die liebliche Landschaft bis hin zur Tramuntana. Eine exquisite Küche mit zahlreichen Paella-Variationen und Fleischgerichten passt da wunderbar ins Bild.

Wir Genussradler ohne elektrische Unterstützung jedoch halten beim Hinzukommen der Straße von links unsere Richtung und passieren kurz danach einen Abzweig mit einer kleinen Wegeinsel, wo es rechts zu einer Autobahnauffahrt geht. Unsere Tour aber führt uns weiter geradeaus und wir biegen dahinter erst ins zweite Sträßchen nach links ab. Jetzt geht es abwärts und dann zum ersten Mal ein wenig sanft aufwärts. An der folgenden Einmündung wenden wir uns nach rechts, an der nächsten nach links und dann wieder nach rechts. Dieses letzte Sträßchen bringt uns wieder über die große Verbindungsstraße **Ma-3440** hinüber. Drüben, auf der anderen Seite, kommen wir in

Aussicht vom Incaberg

Straße am Incaberg

ein Gebiet mit Feldern und Gartengrundstücken. An der später folgenden Einmündung rollen wir nach links, biegen nach 1,5 Kilometern die zweite Straße wiederum nach links ein und in das darauffolgende Sträßchen nach rechts. Links und rechts von uns liegen verstreut einzelne ländliche Häuser wie Tupfer in der Landschaft. Hier halten wir unsere Richtung für 3,5 Kilometer bis zu einer Einmündung – dann schon in Sichtweite von Llubí.

Wir rollen nach links, überqueren einen Torrent, fahren zum Kreisel und dann weiter geradeaus auf der unteren Straße in den Ort hinein. Llubí ist bei Touristen kaum bekannt, kurioserweise liegt es auf zwei Hügeln mit der Hauptstraße im Tal dazwischen. Kurz vor dem zentralen Platz in der Mitte befindet sich rechter Hand die nur bis mittags geöffnete Konditorei **2 Forn i Pastisseria Gelabert** mit sehr feinen Gebäcken. Sie hat schon etliche Preise gewonnen – unter anderem einen Weltmeistertitel im Backen von *Ensaïmadas!* Einen zu den Köstlichkeiten passenden *Café con Leche* gibt es in den Bars auf dem bereits in Sichtweite liegenden

Die zentrale ***Kirche Sant Feliu*** *entstand zwischen 1570 und 1650. Sie ist dem Schutzpatron Llubís, Sant Feliu, geweiht. Um den 1. August herum wird in Llubí das Patronatsfest mit allerlei kulturellen und sportlichen Aktivitäten gefeiert.*

zentralen Platz ❸ **Plaça de la Carretera,** wo donnerstags der Wochenmarkt abgehalten wird. Unsere Tour jedoch geht an der Konditorei vorbei nach links in die Carrer de la Farinera den Hügel hoch zum romantischen, ruhigen Kirchplatz. Hier im Schatten der mächtigen ❹ **Església Parroquial de Sant Feliu** liegt das ❺ **S'Acoústicafè und Restaurant,** das von Freitag bis Sonntag auch Tagesbetrieb hat. Ein wunderschöner Platz, auf dem wir uns vielleicht für ein traditionelles *Pa amb Oli* entscheiden, ein Öl-Tomaten-Brot, das wahlweise mit Käse und/oder Schinken belegt ist. Diese Pause haben wir uns jetzt wirklich verdient und wir genießen die verträumte Atmosphäre auf dem Kirchplatz vor dem Café.

Unser Ausgangspunkt ist jetzt nicht mehr weit und unsere gemütliche Tour neigt sich bald dem Ende zu. Oben am Platz pedalieren wir nach links und rollen die zweite Straße rechts den Hang zum Ortsrand hinunter. Kurz müssen wir noch einmal innehalten, um die fantastische Sicht über das grüne Land mit seinen sanften Hügeln zu genießen und in unser Herz aufzunehmen. Unten bei der kleinen Brücke über einem Bachbett halten wir uns links und kommen jetzt in gerader Aufwärtsfahrt zum **Bahnhof Llubí** zurück.

Església Parroquial de Sant Feliu

Camí Vell de Pollença
Pleta de Son Fuster
Ma-13a
Ma-13
Inca
Ma-3440
1
Puig de Son Sastre
Camí del Garrover
Puig de Santa Magdalena
Pinar de Son Vivot
Ma-3500
Torrent d'Inca
P
Ma-3440
Camí Vell de Llubí
Camí Vell de Muro
Camí de Tiraset
Ma-3240
Bosc de So n'Arnau
Torrent de Muro
Ma-3441
Ma-3440a
4
3
Llubí
5
2
Ma-3440a
Ma-3440

ALLES AUF EINEN BLICK

Entspannung 5/5
Abenteuer 2/5
Vielfalt 2/5

WIE & WANN

Eine Tour auf asphaltierten, schmalen Nebenstraßen. Fast nur in der Ebene, in Llubí zwei kurze Steigungen. Zu jeder Jahreszeit befahrbar, wenig Schatten.

HIN & WEG

Auto: Parkplätze am Bahnhof Llubí (am Camí de S'Ermita, außerhalb von Llubí)
ÖPNV: Bahnhof Llubí

ESSEN & ENTSPANNEN

1 **Restaurant Puig de Santa Magdalena,** Puig de Santa Magdalena, 07300 Inca, Tel. +34 (8 71) 87 01 99
2 **Forn i Pastisseria Gelabert,** Carrer la Carretera 61, 07430 Llubí, Tel. +34 (9 71) 52 26 13
5 **S'Acoústicafè,** Plaça de l'Església 6, 07430 Llubí, Tel. +34 (9 71) 52 15 40, www.sacustic.com

ENTDECKEN & ERLEBEN

3 **Plaça de la Carretera,** 07430 Llubí
4 **Església Parroquial de Sant Feliu,** Carrer de la Creu, 07430 Llubí

Blumen und Bergblick

Rund um Sencelles

Wir starten die Tour in **Binissalem** vor dem Fahrradgeschäft **Ciclos Gomila** an der Verbindungsstraße von Inca nach Palma. Hier kann man auch parken. Wer mit dem Zug anreist, beginnt die Runde am anderen Ende des Ortes an der Station der Bahn.

Mit dem Rücken zum Fahrradgeschäft wenden wir uns nach rechts und fahren kurz danach links in die Nebenstraßen der Ebene. Schon nach wenigen Metern an einer Gabelung nehmen wir den linken Zweig. Wir unterqueren die Autobahn, lassen ihr Rauschen schnell hinter uns und sind bald wieder von wohltuender Stille umgeben. Zwischen ausgedehnten Weinfeldern fahren wir jetzt geradeaus auf den pittoresken alten Weiler, die ❶ **Finca Biniagual,** zu. Er ist komplett im alten Stil restauriert worden und gehört zu einem Weingut. Die Tatsache, dass dieses Dörfchen hier schon ab dem 9. Jahrhundert zur Zeit der Mauren existierte, lässt uns ein wenig innehalten und in diese frühe Zeit hineinträumen. Im Dorfkern am Brunnen biegen wir rechts ab und passieren die links liegende ❷ **Vinoteca.** Auf unserem Rückweg könnten wir uns hier dann etwas Besonderes gönnen und an einer Weinverkostung mit Tapas teilnehmen. Dort fast am Ende unserer Tour auf der Terrasse im Garten zu sitzen und die spanischen Köstlichkeiten zu genießen, würde ein unvergesslicher Teil der schönen Erinnerungen an unseren Urlaub und unsere Radtouren im ländlichen Mallorca werden.

Am Ende der gepflasterten Dorfstraße kommen wir zu einem Kreisel und fahren

__Biniagual,__ ein Weiler aus der Zeit der Mauren, liegt inmitten des Weinanbaugebiets Binissalem. Zum traditionellen mallorquinischen Landgut gehören 14 Häuser, eine Kapelle, eine Weinkellerei, eine Vinoteca sowie typisch mallorquinische Landwirtschaft.

Kilometer: 35
Höhenmeter: 180
Stunden: 3
RUNDTOUR

Biniagual

In elegantem Ambiente kann man in der ***Vinoteca*** *Weine aus Binissalem sowie ganz Mallorca probieren und kaufen. Sie ist täglich geöffnet; für Arrangements wie Weinproben mit Tapas und/oder Kellereibesichtigung muss man sich zwei Tage vorher anmelden.*

geradeaus auf die geteerte Straße, die als Fahrradstraße gekennzeichnet ist. Hier in der Ebene können wir gemütlich rollend links und rechts die Weinfelder betrachten. An der zweiten Möglichkeit – bei einem kleinen Gehölz auf der rechten Seite – biegen wir links ab und dann in den ersten Weg rechts. Jetzt wird der Untergrund etwas ruppig, lässt sich aber immer noch gut befahren. Wir bleiben auf diesem Weg, kreuzen zweimal ein Sträßchen und kommen nach Querung eines meist ausgetrockneten Bachbetts zur **Ma-3020,** der inzwischen ausgebauten Verbindungsstraße von Santa Maria nach Sencelles.

Auf der anderen Seite führt in gerader Linie der ein paar Schritte lange Trampelpfad zur Dorfstraße nach **Ses Alqueries** mit seiner sehenswerten gepflegten **3 Finca Sa Torre.** Sa Torre ist ein wunderbares Beispiel für den prächtigen Stil der Besitztümer der früheren Großgrundbesitzer. Dieses Gut hat sogar eine eigene Hauskapelle. Und bei Bauarbeiten im Keller entdeckte man Spuren der ehemals maurischen Bebauung dieses Grundstücks. Es ist jetzt ein Petit Hotel mit einem riesigen Außengelände, hat wunderschöne Ferienwohnungen und im Garten zwei Pools. Abends kann man im ❹ **Celler Sa Torre de Santa Eugènia,** das in einem riesigen historischen Weingewölbe liegt, auch wunderbar essen und die kreative Kochkunst genießen. Restaurantmanager Pedro empfängt die Gäste dort freundlich und spricht gut Deutsch. Die Zufahrt befindet sich an der Verbindungsstraße Santa Maria – Sencelles. Unsere Tour folgt dem Verlauf der Dorfstraße, von der wir bald nach links abbiegen und den kleinen Abhang hinunterrollen. Die Straße führt uns zum östlichen Dorfrand von **Santa Eugènia** mit seinem schönen jüdischen Friedhof ❺ **Cementeri Municipal de Santa Eugènia,** wo wir einen Stopp einlegen, das umfriedete Terrain betreten und einen Blick auf die interessanten Grabplatten werfen.

Für die Seele

Weinfelder und blühende Wiesen geleiten uns zu einem Panoramasträßchen mit wunderbarem Bergblick.

Anschließend fahren wir dort nach links, legen uns in die Rechtskurve und erreichen an der folgenden Kreuzung unsere Panoramastraße, in die wir dann links einbiegen. Auf diesem herrlichen langen Sträßchen rollt es sich leicht und wir genießen wunderbare Ausblicke auf die Ebene und die Tramuntana wie von einem Aussichtsbalkon. Besonders im Frühling erfreuen die bunten Wiesenblumen und die blühenden Mandelbäume unser Herz: Wir können gar nicht genug davon bekommen!

*Der **Cementeri Municipal de Santa Eugènia** ist der einzige jüdische Friedhof auf Mallorca und ersetzt einen nicht mehr erhaltenen im ehemaligen jüdischen Viertel Palmas.*

Erst nach 5 Kilometern erreichen wir den Ortsrand von **Sencelles.** Der Ort liegt wie die meisten in dieser Gegend etwas erhöht. Am Ortseingang werden wir von der Beschilderung gleich ein paar Meter nach rechts hoch und dann nach links geleitet. An der dritten Straße müssen wir für unsere Tour nach rechts abbiegen. Es lohnt sich jedoch, vorher auf einen Kaffee oder einen Blick auf den schönen Kirchplatz an dieser Stelle einmal nach links zur Kirche von Sencelles, der ❻ **Església de Sant Pere,** durchzuschieben.

Església de Sant Pere

*Wir können die Tour um 11 Kilometer **abkürzen,** wenn wir hinter der Kirche den Hang hinunter in die Ebene und an der Einmündung nach rechts fahren. An der folgenden Einmündung treffen wir wieder auf unsere Route und fahren nach links.*

Zurück vom Kirchplatz, können wir dann auf dieser Straße in gerader Linie zurückpedalieren, lassen später den ausgeschilderten Linksabbieger nach Costitx unbeachtet und radeln an der nächsten Gabelung in das einspurige Sträßchen rechts. Einen folgenden Abzweig nach rechts ignorieren wir. Später weist uns ein Radwegweiser in eine kleine Straße nach links. Dieser folgen wir, kreuzen in **Cas Canar** die Verbindungsstraße, fahren zwischen liebevoll gepflegten Gärten und Feldern hindurch und biegen an der ersten Möglichkeit links ab. Sehr erfreulich ist, dass dieses Sträßchen neu asphaltiert worden ist. An einer Einmündung fahren wir nach rechts, treffen dann auf die Verbindungsstraße Sencelles–Costitx. Unsere Tour führt uns später in Fahrtrichtung in den Ort hinein.

Vorher aber biegen wir nach links ein, um uns noch das prähistorische Heiligtum **7 Santuari de Son Corró** anzuschauen. Nach 800 Metern können wir

Santuari de Son Corró

rechts auf einen Feldweg einbiegen, der uns gleich zu dem steinernen Säulenkreis führt. Die Erklärschilder sind leider etwas verwittert und kaum zu lesen. Aber sobald wir in dem Säulenkreis stehen, ist es schon ein atemberaubender Moment, wenn wir uns vorstellen, wie sich hier vor Jahrtausenden die ursprünglichen Einwohner Mallorcas versammelt haben, um dem Stiergott zu huldigen. Für einen Augenblick fühlen wir uns eins mit der vorchristlichen Zeit.

Vermutlich zwischen dem 4. und 2. Jahrhundert v. Chr. wurde das ***Heiligtum von Son Corró*** *errichtet. In der Nähe des Bauwerks wurden bronzene Stierköpfe gefunden, die heute im Archäologischen Nationalmuseum von Madrid zu bewundern sind.*

Nachdenklich fahren wir zurück und müssen jetzt in den Ort hinein die Straße hochfahren, denn auch das verwinkelte **Costitx** liegt auf einem Hügel. Die Einbahnstraßen verhindern unsere direkte Zufahrt zum zentralen Platz. Wir könnten der Wegweisung folgen und rechts hoch eine parallele Straße suchen oder das letzte Stück durch das schmale Sträßchen einfach geradeaus durchschieben. So gelangen wir zum schönen Dorfplatz mit seinem schmucken Rathaus und der **Església La Mare de Déu:** Jetzt ist es wirklich Zeit für eine Kaffeepause! Hier gibt es drei Bar-Cafés; die rechte – die Bäckerei **8 Forn Can Buri** – könnte unsere Wahl sein. Hier wird noch vor Ort gebacken. Wenn wir früh kommen, kitzelt uns der verführerische Duft frischer Backwaren. Auf diesem hübschen Platz können wir entspannen und die Sonne genießen. Das haben anscheinend andere schon entdeckt: Viele einzelne Rennradfahrer, und manchmal auch geführte touristische Radgruppen, machen hier gern eine Pause.

Bei unserer Weiterfahrt zeigt sich, dass es gut war, die Runde in diese Richtung gestartet zu haben, denn wir können jetzt – am Friedhof vorbei – die hier höhere Hügelkante in müheloser, lustvoller Abwärtsfahrt hinunterrollen und den Fahrtwind genießen. Dazu müssen wir hinterm Platz am Rathaus vorbei nach links Richtung „Cimenteri“ rollen. Vor dem Sackgassenzeichen biegen wir links und gleich wieder rechts ab. Jetzt geht es abwärts. Atemberaubende Ausblicke in die Ebene und auf die Gebirgskette öffnen sich noch einmal. Wenn die Straße sich gabelt, radeln wir links. Einen letzten kleinen Gegenanstieg schaffen wir locker mit dem Schwung, den wir haben, und fahren danach weiterhin abwärts geradeaus bis zu einer Einmündung. Hier sind wir in der Ebene und rollen gemütlich weiter! Wir halten uns danach links, bis uns

Costitx

rechts auch wieder eine asphaltierte Straße aufnimmt. Sodann überqueren wir später die große **Ma-3120** und setzen in Geradeausrichtung unseren Weg fort: Die Zufahrt zu diesem Weg ist allerdings nach rechts versetzt. Wiederum an einer Einmündung biegen wir auf diese Fahrradstraße nach links ein. Von der zweiten Straße links, dem Camí de Son Roig, kommt nun der Abkürzungsparcours wieder zu uns. 100 Meter später rollen wir dann nach rechts. Wenn wir jedoch jetzt noch für eine Verkostung die **Vinoteca** in Biniagual besuchen wollen, ginge es geradeaus direkt in den Weiler hinein.

Wer Freude an Weinproben hat und mehr über Mallorcas Weine wissen möchte, dem gefällt vielleicht das ***Buch von Paul Grote,*** *wo eine Verkostungssafari durch die Kellereien Mallorcas in eine Krimihandlung verpackt ist: „Die Insel, der Wein und der Tod".*

Unsere Tour aber führt uns auf der gewählten Straße – immer geradeaus – an einem **Aerodromo** vorbei und über eine Autobahnbrücke zurück nach Binissalem. Unser Ausgangspunkt befindet sich dann – wenn wir auf die Hauptstraße treffen – wenige Meter links. Ein herrlicher Ausflug liegt nun hinter uns und die wunderschönen Eindrücke dieser Tour werden uns in Erinnerung bleiben.

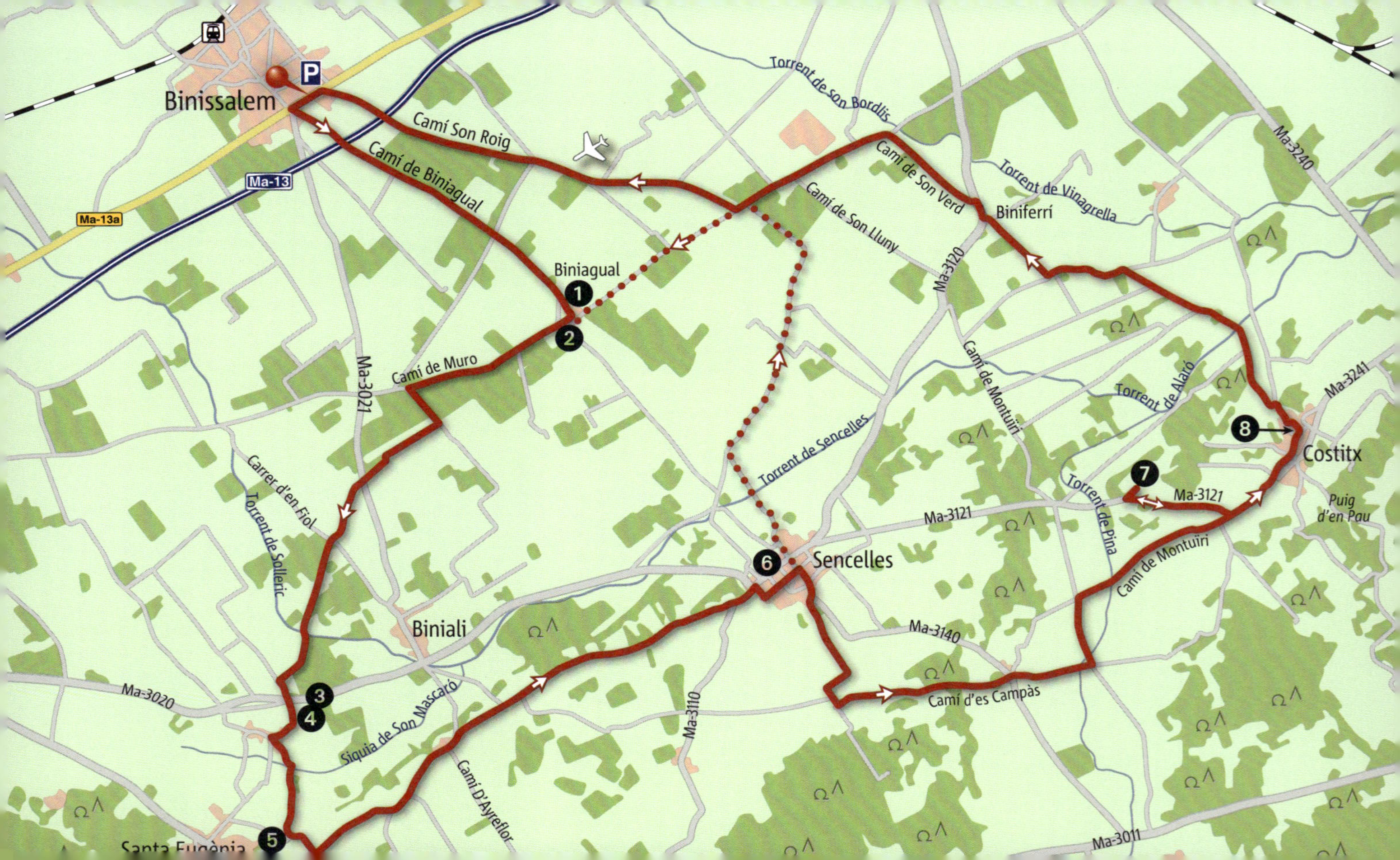
Binissalem
P
Ma-13
Ma-13a
Camí Son Roig
Camí de Biniagual
Torrent de Son Bordils
Camí de Son Verd
Biniferri
Torrent de Vinagrella
Camí de Son Lluny
Ma-3240
Ma-3120
Biniagual
1
2
Camí de Muro
Ma-3021
Camí de Montuïri
Torrent de Alaró
Ma-3241
8
Costitx
7
Ma-3121
Puig d'en Pau
Torrent de Pina
Torrent de Sencelles
Carrer d'en Fiol
Torrent de Solleric
6
Sencelles
Ma-3121
Camí de Montuïri
Biniali
Ma-3140
Ma-3020
3
4
Siquia de Son Mascaró
Ma-3110
Camí d'es Campàs
Camí D'Ayreflor
5
Ma-3011

ALLES AUF EINEN BLICK

Entspannung 4/5
Abenteuer 3/5
Vielfalt 4/5

WIE & WANN

Leichte Tour mit schönen Ausblicken, meist auf asphaltierten kleinen Straßen, 3 Kilometer nicht befestigt. Eine kurze Steigung ins Zentrum von Costitx. Zu jeder Jahreszeit befahrbar, besonders schön im Frühling, kein Schatten.

HIN & WEG

Auto: Parkmöglichkeit vor dem Radhaus Ciclos Gomila an der Hauptstraße von Inca nach Santa Maria (Ma-13a/Carrer del Conquistador), 07350 Binissalem
ÖPNV: Bahnhof Binissalem

ESSEN & ENTSPANNEN

2 **Vinoteca,** Camí de Muro 11, 07350 Biniagual, Tel. +34 (9 71) 87 01 11, www.finca-biniagual.com/de/vinoteca
4 **Celler Sa Torre de Santa Eugènia,** Carretera Ma-3020 Santa Maria-Sencelles, Kilometer 7, 07142 Santa Eugènia, Tel. +34 (9 71) 14 40 11
8 **Forn Can Buri,** Plaça de la Mare de Déu 17, 07144 Costitx

ENTDECKEN & ERLEBEN

1 **Finca Biniagual,** Camí de Muro 11, 07350 Biniagual, Tel. +34 (9 71) 87 01 11, www.finca-biniagual.com/de
3 **Finca Sa Torre,** Carretera Ma-3020, Santa Maria-Sencelles, Kilometer 7, 07142 Santa Eugénia, Tel. +34 (9 71) 14 40 11, www.sa-torre.com
5 **Cementeri Municipal de Santa Eugènia,** Camí des Cementeri, 07142 Santa Eugènia
6 **Església de Sant Pere,** Plaça d'Espanya 2, 07140 Sencelles, Tel. +34 (9 71) 87 24 41
7 **Santuari de Son Corró,** Carretera de Sencelles a Costitx, Kilometer 2.800, Ma-3121, 07144 Costitx

An der Cala Pi

Sonniger Süden

Die große Tour zur Cala Pi

Llucmajor ist fast ein Quadrat – umschlossen von einer Ortsrandstraße wie bei vielen Orten hier. Unsere Schleife beginnt am östlichen Stadtrand Llucmajors auf der Ortsrandstraße. Auf dieser Straße finden wir auch Plätze zum Parken. Den schönen zentralen Marktplatz besuchen wir dann am Ende der Tour. Am östlichen Rand dieser Straße, der **Ronda de Carlos V,** am südlichen zweier Kreisel mit einer Tankstelle dahinter, finden wir unseren Weg ins Campo. Wir nehmen die Ausfahrt in südlicher Richtung aus dem Kreisel heraus und an der unmittelbar folgenden Gabelung das linke Sträßchen Camí de son Marrano, das auch als Fahrradroute gekennzeichnet ist. Auch an der nächsten Gabelung wählen wir den linken Zweig. Herrliches, einfaches Rollen durch die Landschaft mit Feldern und Plantagen links und rechts erwartet uns: eine echte Wohlfühlstrecke mit so gut wie keinem Motorverkehr! Große, neu angelegte Mandelplantagen und knorrige alte Bäume säumen unseren Weg. Wir genießen das entspannte Rollen im Flachen in schönster mediterraner Landschaft. Den Horizont zur Linken jedoch füllen große Einzelberge wie zum Beispiel der von Randa. Bei Tageskilometer 10 müssen wir uns entscheiden, ob wir nach links den ausgeschilderten **Abstecher nach Campos** mitmachen wollen. (Diese Variante ist ab Seite 112 beschrieben.) Ohne Abstecher pedalieren wir am Abzweig nach Campos vorbei und erreichen nach weiteren 2 Kilometern eine Einmündung. Hier kämen wir auch von

*Wer **kürzer oder länger** unterwegs sein möchte, hat die Möglichkeit, die Tour mit einem Abstecher nach Campos um 10 Kilometer zu erweitern oder über den Camí Vell de Cala Pi um 17 Kilometer abzukürzen.*

Kilometer: 50

Höhenmeter: 240

Stunden: 5

RUNDTOUR

Blick vom Mirador Carrer Penyes

links an, wenn wir uns den Abstecher nach Campos vorgenommen hätten.

Wir biegen rechts ab, folgen dem gewundenen Verlauf und fahren an der folgenden Kreuzung ebenfalls nach rechts auf die **Ma-6014.** Diese Straße ist gut ausgebaut, hat aber nicht viel Verkehr. Wir haben das Glück, dass nur die ausgebauten Straßen vom Inselinneren zu den touristischen Küstenorten stark frequentiert sind, Querverbindungen wie jetzt die unsrige jedoch immer sehr schwach befahren werden. Wir sind erstaunt über riesengroße eingezäunte Areale. Sie zeugen davon, dass es noch Großgrundbesitzer auf Mallorca geben muss. Diese Gebiete sind mal bewirtschaftet, mal der Herrschaft der Macchia überlassen. Die Bäume hier im regenarmen Süden sind nicht sehr hoch und der Boden eher ausgetrocknet.

Wenn wir auf die **Ma-6015** treffen – eine Straße, die zur Küste führt –, können wir etwas nach rechts verschwenkt unsere Geradeausfahrt auf der **Ma-6014** fortsetzen. Nach weiteren 3 Kilometern bietet sich eine Abkürzung an: Rechts geht der **Camí Vell de Cala Pi** ab; er führt uns in schönster Landschaft direkt nach Llucmajor zurück. Diese schmalen Sträßchen – begrenzt von alten Trockensteinmauern – sind so traumhaft, dass einem das Herz aufgeht! Große blumenbewachsene Wiesen säumen diesen Weg. Und wenn wir aufmerksam sind, können wir uns an den am Straßenrand wachsenden Orchideen erfreuen.

Für unsere Tour zur Cala Pi allerdings müssen wir am obigen Punkt nicht nach rechts, sondern nach links Richtung Vallgornera abbiegen und dann bis zur Küstensiedlung auf dieser Straße bleiben. Ein Schild weist uns den Weg. Wieder ein sehr schönes ländliches Sträßchen, wo wir die Natur genießen können und Blütenduft einatmen. An der Küstensiedlung ist dann kurz Schluss mit der Idylle: Mitunter hält die Bebauung mit den schon angelegten Straßen nicht Schritt. Wir fahren hier nach rechts. Nach Querung eines Bachbettes geht es zweimal hintereinander erst nach links, dann nach rechts. Nun wird die Bebauung auch wieder freundlicher und beeindruckt mit den üppigen Gärten. Die Straße weiter unten in der Siedlung ist leider eine Einbahnstraße in umgekehrter Richtung.

Für die Seele

Eine geruhsame Tour im Flachen zur Postkartenidylle Cala Pi.

Hinter dem zweiten Links-rechts-Knick lohnt es sich, in der nächsten Straße, der **Carrer de Solleric,** nach links die 100 Meter herunterzufahren zu dem wunderschönen halbrunden Aussichtspunkt **1 Mirador Carrer Penyes** mit Blick über die Steilküste und einer betörenden Weitsicht bis zu den Cabrera-Inseln hinüber. Das Blau des Meeres und die Silhouetten der Inseln wecken in uns den Wunsch, einmal mit dem Schiff einen Tagesausflug zu diesem kleinen Archipel zu machen. Zurück auf der ursprünglichen Straße kommen wir jetzt zügig auf die Bucht **2 Cala Pi** mit ihrem Strand zu: einen weit ins Land reichenden schmalen Fjord mit einem kleinen Strand und steil aufragender Kante. Eine richtige Postkartenidylle! Hinter dem Hotel am kommenden Kreisel links führt ein beschilderter Steig

Cala Pi

hinunter zum Strand. Hier können wir die Fahrräder anschließen und die Treppe hinuntergehen: was für ein schöner Fleck Erde! Und vielleicht wollen wir ja ein bisschen am Strand lagern und sogar ein erfrischendes Bad nehmen: Das wäre eine tolle Erfrischung. Das wäre jetzt richtig wohltuend nach den bereits zurückgelegten 30 Kilometern unserer Tour! Wer das nicht möchte, sollte zumindest oben an der Kante einen Blick hinunterwerfen und ein Erinnerungsfoto machen. Wenn wir jetzt Durst oder Hunger haben, bietet es sich an, auf der Hotelterrasse des **3 Ona Hotel Cala Pi** auf einen Snack oder ein Getränk einzukehren. Nach der Pause lohnt es sich, die Straße nach rechts die paar Meter weiter hinunterzufahren bis zur Kehre: Hier hat man dann noch einmal eine großartige Aussicht auf das Meer, die roten Klippen und den Fjord.

Für unsere Weiterfahrt müssen wir jetzt – allerdings mit sanfter Steigung – zunächst aufwärtsfahren: zurück zum Kreisel, dort halb links auf die **Carrer Betlem,** die sich an der vom Wasser gegrabenen Schlucht entlangwindet. Wenn wir auf die **Ma-6014** stoßen, folgen wir ihr ein kleines Stück nach rechts, können aber in der nächsten Kurve links auf ein lauschiges Sträßchen abbiegen. Kurz danach sind wir wieder in der

Llucmajor

Einsamkeit angekommen, hören die Vögel singen und sind mit unseren Gedanken allein. Nach 2 Kilometern folgen wir der Rechtskurve der Straße und bleiben dann aber geradeaus auf dem **Camí de S'Àguila.** Das Sträßchen führt ebenso wie der Camí Vell de Cala Pi der Abkürzung fast direkt nach Llucmajor zurück. Jetzt haben wir schöne weiterhin einsame 8 Kilometer vor uns. An der finalen Einmündung wenden wir uns nach rechts, fahren auch da weiter, wo den Autos die Durchfahrt verboten ist, und biegen erst am nächsten Sträßchen nach links ein. Es führt uns zu einer Brücke über die Autobahn und anschließend hinter den ersten Häusern zur Ortsrandstraße von **Llucmajor.** Hier wenden wir uns nach links und nehmen die nächste Straße rechts.

Nun fahren wir immer entlang des Boulevards **Passeig de Jaume III** und kommen zuerst zum Tapasrestaurant ❹ **Contrabando.** Hier gibt es die typisch spanischen Häppchen auch in ausgefallenen Variationen sowie mallorquinische Weine. Anschließend gehts weiter durch verkehrsberuhigte Sträßchen, die direkt zur zentralen ❺ **Plaça Espanya** führen. Sich in einem der zahllosen Restaurants oder Cafés niederzulassen, ist nach den 50 Kilometern dieser schönen langen Tour eine richtige Wohltat. Dieser Platz – obwohl auch sehr beliebt bei Touristen – ist besonders an den Markttagen Mittwoch und Freitag der Treffpunkt der Mallorquiner. Teils in den vielen Bar-Restaurants sitzend, teils über den Platz schlendernd, wird hier ein Schwätzchen gehalten, mal dort ein respektvoller Gruß ausgetauscht – verbunden mit den neuesten Insidernachrichten. Wir sollten es uns nicht nehmen lassen – jetzt am Ende der Tour –, an diesem lebendigen Ort zu einem Menü einzukehren, denn obwohl wir uns im gastronomisch häufig nicht besonders interessanten Inselinneren befinden, sind einige Restaurants wirklich empfehlenswert. So zum Beispiel das ❻ **Il Gambero** mit seiner guten Küche und angemessenen Preisen. Freundliche Bedienung gibt es dazu. Hier können wir richtig schlemmen, während wir dem regen Treiben auf dem Platz zuschauen. Zum Ausgangspunkt ist es ganz nah: Wir fahren durch die verkehrsberuhigte Straße zurück bis kurz vor der kleinen **Plaça dels Sabaters** und biegen dort nach links in die **Carrer de Sant Llorenç.** Diese führt uns direkt zum Kreisel mit der Tankstelle zurück.

Il Gambero

Falls wir uns bei Kilometer 10 für den **Abstecher nach Campos** entschieden haben, folgen wir dort dem Sträßchen hinter dem Hinweisschild für 5,5 Kilometer immer geradeaus bis zum Kreisel am Ortseingang. Hier biegen wir rechts ein, passieren danach das Fahrradgeschäft S'Escapada Bike und nehmen die dritte Straße links, die Carrer d'En Rigo. Diese fahren wir geradeaus durch, an der Einmündung kurz nach rechts und dann wieder links: Schon stehen wir vor der zentralen **Església de Sant Julià,** die wie viele Kirchen auf Mallorca einer Festung ähnelt. Wir schwenken dann am Kirchenportal nach rechts und können sie auf ihrer rechten Seite in der verkehrsberuhigten Gasse schiebend oder fahrend passieren. Nach Querung einer Straße erreichen wir den kleinen Platz vor dem Rathaus: ein hübsches Gebäude aus mallorquinischem Marèsgestein, geschmückt mit Flaggen. Ein *Café con Leche* gegenüber tut jetzt sicher gut, denn wir haben ja noch eine lange Strecke vor uns. Für die Weiterfahrt wenden wir uns mit dem Rücken zum Platz nach links und fahren diese Einbahnstraße geradeaus durch, über einen Kreisel hinüber, wo wir dann die erste Straße rechts nehmen, die **Carrer des Ametllers.** Diese führt uns direkt aus dem Städtchen heraus und wird zu einer idyllischen Straße im Campo. Große Felder links und rechts zeugen von einem fruchtbaren Landstrich. Über die alten Trockensteinmauern winden sich Kapernpflanzen. Vielleicht erwischen wir ja die ein oder andere dieser wunderschönen Blüten! Leider blühen sie nur einen Tag! Nach gut 2 Kilometern biegen wir an der Einmündung rechts ab, überqueren die **Ma-6030** und wenden uns auf der anderen Seite nach links. Bald kommt von rechts der Parcours ohne den Abstecher dazu. Wir folgen der Straße geradeaus und gelangen dann zur **Ma-6014.**

Llucmajor
Ma-19
Ma-6020
Ma-6015
Cami de son Marrano
Cami de Son Puigserver
Puig de
Son Mulet
Ma-5040
Campos
Ma-5120
Cami des Revellar
Carrer des Ametlers
Cami de sa Sorda
Ma-6030
Ma-6031
Ma-6040
Ma-6014
Cami Vell de Cala Pi
Cami de S'Àguila
Cami de Llucamet
Carrer Betlem
Cami de Vallgornera
Torrent de Garonda
Cala Pi
Vallgornera
S'Estanyol
de Migjorn
Sa Ràpita

ALLES AUF EINEN BLICK

Entspannung 5/5
Abenteuer 1/5
Vielfalt 3/5

WIE & WANN

Eine weitgehend flache Tour auf asphaltierten, einsamen Sträßchen, 9 Kilometer auf einer Verbindungsstraße. Zu jeder Jahreszeit möglich, kein Schatten.

HIN & WEG

Auto: Parken beim Kreisel am südöstlichen Ortsrand bei einer Tankstelle (Ronda de Carlos V), 07620 Llucmajor
ÖPNV: Keine Anbindung an die Strecke mit Fahrradtransport

ESSEN & ENTSPANNEN

3 **Ona Hotel Cala Pi,** Carrer Torre, 2, 07639 Cala Pi, Tel. +34 (9 71) 12 30 10, www.onahotels.com/apart-hotel-cala-pi-mallorca.html
4 **Contrabando,** Passeig Jaume III 2, 07620 Llucmajor, Tel. +34 (9 71) 10 16 73
6 **Il Gambero,** Plaça Espanya 58, 07620 Llucmajor, Tel. +34 (9 71) 63 54 49

ENTDECKEN & ERLEBEN

1 **Mirador Carrer Penyes**, kurz vor Cala Pi
2 **Cala Pi,** 07639 Cala Pi
5 **Plaça Espanya,** 07620 Llucmajor

Auf der Fahrradstraße nach Campanet

Ländliche Acht

Von Inca nach Campanet

Wir starten am **Bahnhof von Inca.** Mit dem Rücken zu diesem radeln wir rechts hinunter zur Hauptstraße und biegen links ein. Den Einbahnstraßen folgend, fahren wir an der Einmündung der folgenden **Gran Via Colom** zuerst nach rechts, in die zweite links, an der Einmündung wieder links und sehr kurz darauf bei der Plaça de L'Àngel folgen wir der Straße nach rechts. Wir passieren danach die mächtige zentrale Kirche auf unserer linken Seite. Auf dem Platz vor der ❶ **Església Santa Maria la Major** sehen wir schon zahlreiche Cafés, die uns beim Abschluss der Tour noch einmal locken könnten. Hier findet donnerstags am Vormittag auch der große Markt statt.

*Die **Església Santa Maria la Major** an der gleichnamigen Plaça steht unter Denkmalschutz und beherbergt mit dem Tafelbild „Santa Maria de Major" das älteste Gemälde Mallorcas.*

Wir aber fahren geradeaus zur dahinterliegenden **Plaça Mallorca.** Gegenüber von diesem Platz geht es weiter geradeaus in der Carrer des Jocs bis zu ihrem Ende. Dann müssen wir – ebenfalls weiter geradeaus – ein paar Meter auf der linken Seite der Umgehungsstraße dem Radweg folgen und mit diesem nach links eine Avinguda überqueren. Am vor uns liegenden Platz gehts ebenfalls nach links, an den Schulen vorbei und am Ende des Platzes wieder rechts am Sportplatz entlang.

So erreichen wir bald den Ortsrand, der in den spanischen Städtchen immer etwas abrupt kommt: Plötzlich stehen wir in Geradeausrichtung vor einer kleinen Straße, wo ein Wegweiser uns Moscari anzeigt (Camí Vell d'Inca – Moscari). Nun sind wir in der idyllischen Spur eines engen alten Verbindungsweges, der uns über den Hügel bringt. An einer

Kilometer: 29
Höhenmeter: 240
Stunden: 3
RUNDTOUR

Moscari

Gabelung halten wir uns links und an einer späteren rechts. Nur selten verirrt sich hierhin einmal ein Auto. Zwischen idyllischen Gartengrundstücken, begrenzt von Trockensteinmauern, steigt der schmale Weg an. Unser Blick fällt auf schöne, versteckte Villen und in den Bäumen hören wir die Vögel zwitschern. Nach dem höchsten Punkt in der Kurve können wir uns mit einer grandiosen Panoramasicht auf die Tramuntana ins Tal hinabrollen lassen und den erfrischenden Fahrtwind genießen. Keine Sorge, auf dem Rückweg kommen wir noch einmal hier vorbei und haben genug Zeit und Muße, anzuhalten und das eine oder andere schöne Foto von der Aussicht zu machen. An der tiefsten Stelle überqueren wir das Bett des **Torrent de Massanella** und halten uns danach in den zweiten Weg nach links. Diesem schmalen Sträßchen mit zwei Kurven folgen wir und biegen bei der ersten Gelegenheit rechts ab auf einen wunderschönen gewundenen Weg, der uns in lieblicher Landschaft mit sanfter Steigung hinauf nach Moscari bringt. Dies ist die angenehmste Strecke nach **Moscari.** Fast oben angelangt, reicht die Aussicht rechter Hand bis zum Meer. Rechts von uns in der Ferne winkt der markante Incaberg, der **Puig de Santa Magdalena.** Ein fantastischer Weitblick reicht bis zum Meer über das sanft gewellte Hügelland, auf dem friedliche Schafe mit ihren Glöckchen die akustische Oberhoheit haben. Wir können uns gar nicht lösen von diesem Idyll! Oben biegen wir rechts auf die Dorfstraße ab und vor der Kirche nach links Richtung Tramuntana. Wenn wir die richtige Zeit erwischt haben, hat hier die Bar **2 Es Pou** geöffnet, die gegenüber vor dem Kircheneingang schöne Außenplätze hat. Von dort können wir das Dorfleben beobachten, denn hier treffen sich die Bewohner auf einen kurzen Schwatz.

Für die Seele

Wundervolle Ausblicke begleiten uns, wenn wir ins verwinkelte Campanet radeln.

Weiter gehts mit unserer Tour und etwas abwärts passieren wir linker Hand den Brunnen, nach dem die

Bar benannt worden ist. Nach einem kurzen Gegenanstieg am Ortsausgang rollen wir 1,5 Kilometer bergab zu einer Kreuzung zweier Sträßchen: Hier begegnen sich die beiden Kreise unserer Acht. Um die Anstiege mäßig zu halten, fahren wir jetzt nach links, bleiben geradeaus auf dieser einsamen Straße in einem wunderschönen Tal und umfahren damit den großen Hügel auf unserer linken Seite. Nach einer Weile treffen wir auf die Verbindungsstraße Selva–Moscari. Hier biegen wir rechts ein, um gleich 200 Meter später wiederum nach rechts der kleinen Straße Richtung Caimari zu folgen.

An einer Gabelung halten wir uns links und kommen im Folgenden zum Ortseingang von **Caimari.** Etwas weiter nach links die Hauptstraße hinunter befindet sich der Shop der Kooperative der Olivenölbauern mit seinem Restaurant **3 Sa Tafona de Caimari,** wo wir ein Souvenir erstehen oder sogar einkehren könnten (siehe auch Tour 5). Caimari selbst ist ein kleiner verwinkelter Ort direkt am Fuße des Gebirges, wo es sich lohnt, die Fahrräder anzuschließen und einmal durch die Gassen zu streifen. Mit Respekt schauen wir auf die hier beginnende steile Bergkette der Tramuntana und die Gebirgsstraße, die dort hinaufführt. Unsere

Tour geht am Ortseingang nach rechts auf die Straße nach Lluc. Im Ort biegen wir die dritte Straße nach rechts ab Richtung Kirche, die hier zum Kirchplatz hin etwas ansteigt. Am Ende des Platzes fahren wir im Zickzack erst links, dann rechts und gleich wieder links. Hier ist es für 70 Meter ziemlich steil. Schieben könnte eine Option sein. Aber die Belohnung für die Steigung folgt auf dem Fuße! Vor uns sehen wir ein weiteres Kirchlein und biegen rechts ab auf die Straße **Richtung Binibona.** Hier fühlen wir uns, als stünden wir über der Landschaft auf einem kilometerlangen Balkon. Wir bleiben auf diesem Sträßchen und haben von hier oben einen fantastischen Blick in die Ebene, an der man sich gar nicht sattsehen kann – besonders, wenn die Strahlen der Sonne schon etwas schräg stehen.

Und es wird noch schöner: Es folgt die Abfahrt nach Binibona. Auf der neu geteerten Straße rollen wir für lange Zeit genüsslich abwärts. Wenn wir Glück haben, können wir linker Hand das freundliche Eselspaar begrüßen, das hier oft weidet und vorbeikommende Radfahrer neugierig zu beobachten scheint. Vor dem hübschen, verschlafenen **Binibona** biegen wir rechts ab und haben weiter Abwärtsschwung auf dieser romantischen, gewundenen Straße, die von Trockensteinmauern begrenzt und von knorrigen Bäumen gesäumt wird. An der bald folgenden Kreuzung sind wir wieder an dem Schnittpunkt unserer Acht. Jetzt biegen wir hier links ein Richtung Campanet: schon wieder eine wunderbare, einsame Fahrradstraße mit begeisternden Ausblicken über die Weiden bis weit in die Ebene! Auf den ausgedehnten Grünflächen zwischen den Gartengrundstücken stehen uralte, knorrige Johannisbrotbäume: Das ist die typische Signatur der bezaubernden Landschaft des ländlichen Mallorcas.

In **Campanet** angekommen, verbleiben wir auch nach dem Rechtsknick bis zu einer finalen Einmündung auf dieser Straße. An dieser führt unsere Route später rechts den kurzen, steilen Parcours zum

Schwimmbad hinunter. Vorher gönnen wir uns aber eine kleine Pause und fahren dafür nach links zum zentralen Platz von Campanet hinauf. Die kurze Steigung ist gut machbar – alle anderen Wege in den Ort, der verwunschen und verwinkelt auf einem lang gestreckten Hügelkamm liegt, sind steiler. Auf dem Platz vor der Kirche kann man dann in die Bar **4 Es Club** oder eines der anderen Cafés einkehren und die urmallorquinische Szenerie genießen. Kleine Kinder tollen auf dem Platz herum, während die Eltern es sich bei einem Getränk gut gehen lassen. Und die Senioren des Ortes nutzen den Platz, um sich zu einem Schwätzchen zu treffen. Auch wir möchten unsere wundervolle Pause am liebsten unendlich ausdehnen. In den letzten Jahren haben außer uns viele Radsportfreunde diesen Ort entdeckt und tragen zur Belebung der Cafés bei.

Für unsere Weiterfahrt müssen wir die Einbahnstraße, die wir eben hochgefahren sind, zurückschieben. Aber ab der Einmündung können wir wieder aufsteigen und schwungvoll zum Schwimmbad hinunterrollen. Dieses lassen wir rechts liegen und folgen für 3 Kilometer dem flachen Weg zwischen Feldern und Gartengrundstücken. An der finalen Einmündung sind wir wieder am Wegweiser Camí Vell d'Inca – Moscari und biegen für unsere Rückfahrt nach Inca links ab.

Jetzt geht es aufwärts. Nutzen wir die Verschnaufpausen für schwelgerische Blicke zurück zur Tramuntana und für Erinnerungsfotos! Zurück am Platz bei den Schulen biegen wir anders als bei der Hinfahrt schon in die zweite nach rechts, die **Avinguda d'Alcúdia,** ein. Sie bringt uns in gerader Linie rechts an der **Plaça Mallorca** und der Kirche vorbei zu einer Einmündung nahe den Fußgängerstraßen. Donnerstags könnten wir auf dem großen **5 Mercat setmanal d'Inca** ein wenig stöbern. Und wenn wir im quirligen Zentrum jetzt nicht noch in eins der vielen Cafés und Restaurants einkehren wollen, biegen wir hier nach rechts und dann gleich wieder nach links ein in die **Carrer d'en Trobat:** So kommen wir in gerader Linie zum Bahnhof zurück. Wenn wir noch einen Blick auf das ehemalige **6 Claustre de Sant Domingo** werfen wollen, biegen wir nicht links ein, sondern fahren noch 100 Meter weiter geradeaus.

*Das barocke ehemalige **Kloster Sant Domingo** liegt in der Mitte der Stadt neben der gleichnamigen Kirche und ist frei zugänglich. Die Kulturveranstaltungen im schönen Innenhof sind eindrucksvolle Erlebnisse.*

Binibona
Puig dels Albellons
Puig de sa Teula
Camí de Binibona
Camí Moscari
Camí Blanc
Campanet
4
Ma-2132
Ma-2131
Camí de Selva
Caimari
Camí de Ses Deveres
3
Ma-2130
Bosquet de sa Bisbal
Torrent de Pont Petit
Carrer Camí Vell d'Inca
2
Moscari
Ma-2131
Ma-2131
Selva
Torrent des Pont d'en Blai
Torrent de Massanella
Camí Vell de Pollença
Ma-13
Pleta de Son Fuster
Ma-13a
Puig de Son Sastre
Puig de Santa Magdalena
Ma-2112
Ma-2130
Inca
1
5
6
Avinguda d'Alcúdia
Carrer des Jocs
Ma-2110
Ma-3440
Gran Via Colom
Avinguda del General Luque
Ma-3240

ALLES AUF EINEN BLICK

Entspannung 4/5
Abenteuer 3/5
Vielfalt 5/5

WIE & WANN

Alle Sträßchen haben eine feste Asphaltdecke. Sehr kurze Steigungen in Caimari und Campanet, nach Moscari hinauf und auf dem Rückweg nach Inca jeweils eine Steigung. Ganzjährig befahrbar, kein Schatten.

HIN & WEG

Auto: Parken in Bahnhofsnähe in der Avinguda del General Luque, 07300 Inca
ÖPNV: Bahnhof Inca

ESSEN & ENTSPANNEN

2 **Es Pou**, Carrer des Pou 1, 07316 Moscari
3 **Sa Tafona de Caimari**, Ctra Inca–Lluc, Kilometer 6, 07314 Caimari, Tel. +34 (9 71) 87 35 77, www.satafonadecaimari.com
4 **Es Club**, Plaça Major 25, 07310 Campanet, Tel. +34 (9 71) 51 60 48, www.baresclub.com

ENTDECKEN & ERLEBEN

1 **Església Santa Maria la Major**, Plaça Santa Maria la Major 1, 07300 Inca
5 **Mercat setmanal d'Inca**, Fußgängerzone und Plätze rund um die Kirche, 07300 Inca
6 **Claustre de Sant Domingo**, Avinguda de les Germanies 23, 07300 Inca, Tel. +34 (9 71) 50 05 65

Badia de Pollença

Durchs Tal zum Meer

Verschlungene Wege um Pollença

Diese Tour beginnt mit dem Weg **Camí Vell de Pollença** unterhalb von **Campanet** durch eines der schönsten Täler Mallorcas, das Tal **Valle de San Miquel;** sie verschafft uns in ihrer Mitte eine ausgiebige Pause am Meer mit der Möglichkeit zu baden und gegebenenfalls einer Einkehr. Gleich zu Beginn erwartet uns die mittelalterliche ❶ **Ermita Sant Miquel.** Am Ende der Straße von Sa Pobla zum Kirchlein können wir parken, wenn wir mit dem Auto anreisen. Die kleine Kirche war früher die Pfarrkirche der weit verstreut lebenden Landbevölkerung. Als die Bevölkerungsdichte zunahm und damit der Ort Campanet wuchs, spendete sie zu wenig Platz. Daraufhin wurde oben im Ortskern von Campanet eine größere Kirche gebaut.

Wir fahren auf einer Fahrradstraße das San-Miquel-Tal entlang, die später eng wird und wohin sich selten ein Auto verirrt. Das **San-Miquel-Tal** ist mit besonders üppigem Grün gesegnet, sodass es eine Lust ist, hier entlangzuradeln. Offensichtlich steht am Fuße der Berge mehr Wasser für die Pflanzen zur Verfügung als in anderen Gegenden Mallorcas. Links sehen wir die steile Silhouette der Tramuntana und rechts von uns weitere Vorberge. Und wir befinden uns auf einem flachen Parcours zwischendrin: Das macht Spaß! Weiter hinten im Tal sind im Laufe der Jahre vermehrt Weingärten angelegt worden, nachdem der Weinbau auf Mallorca seinen Siegeszug angetreten hatte. Ganze 8 Kilometer genießen wir die Fahrt durch dieses einmalig schöne Tal, das wir zum Schluss der Tour

*Genussradler ohne eigenes Rad können die Tour in Port de Pollença an einer **Radverleihstation** beginnen.*

*Die **Ermita Sant Miquel** ist die älteste christliche Kirche Mallorcas und steht unter besonderem kulturellen Schutz. Man berichtet, dass auf ihrem Boden zur Maurenzeit eine Moschee gestanden habe, zuvor ein frühchristlicher Tempel aus der römischen Zeit.*

Kilometer: 45

Höhenmeter: 370

Stunden: 4

STRECKE (HIN UND ZURÜCK)

auch wieder mit der umgekehrten Blickrichtung befahren werden.

Am Ende biegen wir links auf die viel befahrene Verbindungsstraße **Ma-2200** von Sa Pobla nach Pollença ein. Da haben wir keine Alternative. Aber es sind nur 2 Kilometer und es gibt einen Seitenstreifen, auf dem wir sicher fahren können. Beim Hinweisschild zum **Golfplatz** biegen wir rechts in die Sträßchen einer Gartenlandschaft ein, die uns Richtung Meer führen werden. Vorbei an der Einfahrt zum Golfplatz radeln wir also die Straße hinunter und biegen die zweite Möglichkeit links ab. Wir geben acht auf den nicht abgesicherten Betongraben zum Abführen des Regenwassers am rechten Straßenrand! Sodann überqueren wir die Verbindungsstraße Alcúdia–Pollença und fahren – etwas links versetzt – geradeaus weiter. An einer Gabelung nehmen wir den linken Zweig und folgen dem verschlungenen, gut asphaltierten Weg durch die wunderschöne Landschaft. Hier gibt es höchstens einmal Anrainerverkehr. An der finalen Einmündung wird es noch malerischer: Vor uns liegt das Flüsschen **El Rec,** das uns den direkten Weg zur Küstenstraße versperrt. Wir biegen links ein und treffen – zumindest die meiste Zeit im Jahr – auf den beruhigenden Klang eines kullernden Wasserlaufs, der viele felsige Hindernisse überwinden muss und von üppigem Grün gesäumt ist: eine Seltenheit auf Mallorca. Wir könnten hier anhalten und vielleicht genussvoll die Füße ins Wasser halten.

Für die Seele

Wir radeln glücklich durch ein grünes Tal zum Strand und ins spannende Pollença.

Den Weg fahren wir zu Ende, überqueren den Wasserlauf auf einer Brücke und biegen dann rechts auf die **Ma-2022** ein, die uns zur breiten **❷ Badia de Pollença** bringt. Dort angekommen, bewundern wir staunend das Panorama, das sich vor uns ausbreitet: rechts die felsige Halbinsel **La Victoria** und links die noch felsigere Halbinsel **Formentor,** die als Ausläufer der Tra-

Restaurant Stay

muntana wie ein riesiger Finger ins Wasser zeigt. Und dazwischen: das türkisblaue Meer! Es weckt bei uns die Sehnsucht nach einem erfrischenden Bad! Hier am Strand könnten wir uns – wenn Badewetter ist – den Wunsch jederzeit erfüllen! Jetzt in der Mitte unserer Tour tut uns das bestimmt gut.

Unsere Weiterfahrt ist einfach: Ein Radweg führt uns nach links immer an der Strandlinie ins Zentrum von ❸ **Port de Pollença** mit seinem **Sportboothafen.** Vielleicht wollen wir am Wasser einen Imbiss nehmen und nicht erst 9 Kilometer später in der Stadt Pollença? Auf der ersten Mole nach rechts liegt das ❹ **Restaurant Stay,** das sehr schöne Außenplätze an der Kaimauer hat und tagsüber eine gute Karte mit kleinen Gerichten anbietet – genau das Richtige für Radfahrende, die noch weitere Kilometer vor sich haben. Hier könnten wir ausruhen, die Meeresbrise genießen und auf das Leben im Sportboothafen schauen. Aber auch das beliebte italienische Eiscafé ❺ **Gran Café 1919** am Ende der Strandstraße – am Beginn der Fußgängerpromenade – ist sehr verlockend.

Für unsere Weiterfahrt geht es wieder zurück auf dem Küstenradweg bis kurz hinter den Kreisel am

Ortsausgang, wo wir nach 200 Metern rechts in eine kleine Straße abbiegen, die uns später nahe einem Brückchen zu einer Einmündung in eine zweispurige Straße mit wenig Verkehr bringt. Links hinauf führt uns diese nach Pollença. An einer Gabelung halten wir uns rechts. Wir folgen der Straße dann immer geradeaus, kommen am Puig de Santuiri vorbei, den wir auf unserer linken Seite passieren, und erleben sogar waldige Gebiete. Anschließend überqueren wir achtsam die große Verbindungsstraße zum gegenüberliegenden Sträßchen. Sie hat zwar ein Einfahrtsverbot, ist aber keine Einbahnstraße. Nun haben wir den Ortseingang von **Pollença** erreicht und biegen links ab. Auf unserem Weg zur Plaça Major folgen wir dann der ersten Möglichkeit nach rechts, der **Carrer del Pare Vives,** fahren sie durch bis zur Einmündung, dort links hinunter bis zur **Plaça dels Seglars,** wo wir unsere Räder in die Fußgängerzone schieben. Nach rechts werfen wir schon einmal einen Blick auf die Treppe zum Kalvarienberg hoch, den wir nach einer Pause unbedingt erklimmen wollen! Unsere Fußgängerstraße führt

Treppe zum Kalvarienberg

hinunter zur zentralen Kirche mit der links dahinterliegenden **Plaça Major.** Hier muss man einfach noch einmal auf einen Kaffee anhalten und das lebendige Treiben beobachten. Nach dem quirligen, stimmungsvollen Badeort Port de Pollença sind wir am Fuße der Tramuntana in einer völlig anderen Umgebung. So schön und abwechslungsreich ist Mallorca! Wir sind zufrieden und glücklich, dass wir uns fürs Genussradeln auf dieser vielseitigen Insel entschieden haben. Auf dem Platz könnte das viel fotografierte Café **6 Ca'n Moixet** unsere Wahl sein. Über das Fotomotiv hinaus gibt es eine separate Frühstückskarte und köstliche Tapas. Jeden Sonntag ist auf der Plaça Major und in den angrenzenden Gassen Wochenmarkt.

Das wunderschöne Pollença mit seinen prächtigen Fassaden und den historischen Gebäuden sollten wir aber auf jeden Fall noch ein wenig weiter auf den Fußgängerstraßen erkunden: Hier atmet man Geschichte! Aber dann wollen wir die Fahrräder anschließen und die 356 Stufen zum Kalvarienberg **7 El Calvari** hochstapfen; den Beginn am Plaça dels Seglars haben wir ja schon gesehen! Wir sind auf dieser Attraktion nicht allein, denn alle Besucher Pollenças wollen die Aussicht von oben genießen. Und man wird wirklich belohnt: Wir haben ein herrliches Panorama über die

Kapelle

Klosterportal

Stadt, das Land, die angrenzenden Berge bis zum Meer! Zu Ostern zieht hier die große Prozession vom Berg zur Stadt und wird von vielen Touristen bestaunt.

*Die „**Davallament de la Creu**" ist die symbolische Lösung Jesu vom Kreuz, die in Pollença in der Karfreitagnacht vorgenommen wird. Die Prozession wird von Fackel tragenden Bruderschaften in Kutten und spitzen verhüllenden Kapuzen begleitet.*

Unser Rückweg ist jetzt relativ einfach. Von der Treppe kommend, schnappen wir uns wieder unsere Fahrräder und schieben in gerader Linie bis zum Ende der Fußgängerstraße zur Carrer de Sant Domingo. Rechts von uns liegt der kleine Park Jardines Joan March mit dem Turm 8 **Torre Desbrull** und ein paar Meter weiter das ehemalige Kloster 9 **Claustre de Sant Domingo.** In seinem Innenhof findet im Sommer ein hochkarätiges Klassikfestival statt. Im Kloster ist zudem ein Kunstmuseum untergebracht, das vormittags geöffnet hat.

*Der **Torre Desbrull** im Park soll aus dem 13. Jahrhundert stammen. Der Park dazu, der die Bäume Mallorcas widerspiegeln soll, wurde der Stadt Pollença von einer der einflussreichsten Familien der Insel geschenkt.*

Auf der Carrer de Sant Domingo fahren wir noch ein wenig weiter und biegen hinter einem Kinderspielplatz nach rechts auf eine Straße ab, die uns zum Ortsausgang führt. Dort halten wir uns ebenfalls rechts auf die schon bekannte, viel befahrene Verbindungsstraße **Ma-2200** mit dem Seitenstreifen, der wir jetzt – leider – 4 Kilometer folgen müssen, bis uns die Radwegweiser wieder nach rechts in die Idylle des Valle de San Miquel lenken. Wir sind erstaunt, wie sich der Blick auf dieses schöne Tal ändert, wenn wir in die umgekehrte Richtung fahren – besonders derjenige auf die Berge!

Und wir bemerken auch, wie wir die Fahrt noch mehr genießen, weil es jetzt zu unserem Ausgangpunkt hin unmerklich abwärtsgeht.

Wenn wir die Ermita Sant Miquel wieder erreicht haben, können wir noch einige Extras erleben: 200 Meter vor unserem Ausgangspunkt – vor dem Brückchen – geht es links zu den beeindruckenden Tropfsteinhöhlen **⑩ Coves de Campanet.** Wenn es die Tage vorher geregnet haben sollte, sind auch die **⑪ Fonts Ufanes** einen Besuch wert: Die Quellen sprudeln dann weiter hinten in einem Steineichenwäldchen mit großer Kraft aus dem Untergrund hervor – ein beeindruckendes Naturschauspiel! Um dorthin zu gelangen, schließen wir die Fahrräder am besten an der Brücke an und folgen zum Abschluss der Tour zu Fuß dem kleinen Rundweg.

Wer danach noch ungenutzte Energiereserven verspürt, kann den **Aufstieg nach Campanet,** ein ursprüngliches, verschlafenes Örtchen hoch oben auf einem Berg, wagen – vielleicht für einen größeren Imbiss. Die Tour verlängert sich dadurch um 6 Kilometer. Dazu geht es am Startpunkt versetzt geradeaus weiter

*Die Höhlen **Coves de Campanet** sind durch Auswaschungen entstanden und wurden erst im Jahr 1945 entdeckt. Sie haben verschiedene Kammern sowie Tropfsteinformationen. Die Höhlen sind ganzjährig für Besucher geöffnet, eine Besichtigung lohnt sich.*

Torre Desbrull

Fonts Ufanes

auf eine wirklich sehr lange Steigung zum Ort hoch (1,8 Kilometer). Denjenigen unter uns, die eine elektrische Verstärkung an ihrem Rad haben, würde dieser Weg sicher nichts ausmachen. Oben angekommen, biegen wir an dem kleinen Supermarkt in die erste Straße rechts ab, an der Einmündung links und folgen der Straße um den Ort herum bis zu einer weiteren Einmündung, wo wir dann wiederum links 250 Meter zur **Plaça Major** mit der Kirche von Campanet hochfahren. Hier befinden sich Bars und Restaurants sowie auch zwei versteckte Supermärkte. Campanet ist ein Ort mit vielen Überraschungen. Er liegt lang gestreckt auf einem schmalen Hügelkamm, hat aber auch einige Straßen mit erheblichem Gefälle und Steigungen. In einer der Sackgassen steht eine gut erhaltene Windmühle – leider auf einem Privatgrundstück. Der höchste Punkt des Ortes ist der Platz mit der Kirche, auf dem wir uns jetzt befinden. Hier spielt sich das soziale Leben der Einwohner ab: Die Senioren versammeln sich in einer der Bars zu einem Schwätzchen, junge Paare führen ihre Kinder aus, die auf dem Platz herumtollen können, und zunehmend entdecken auch die Rennradsportler diesen Ort mit seinen herausfordernden Zufahrten.

Das alles können wir von der Terrasse der Bar **⓬ Es Club** aus hervorragend beobachten, wo wir uns jetzt nach dieser langen, erlebnisreichen Tour noch ein frühes Abendessen schmecken lassen. Denn der Rückweg ist nun angenehm und auch mit vollem Bauch gut machbar: Auf der anderen Seite des Platzes geht es links durch eine Einbahnstraße zurück, die zweite Möglichkeit wiederum links und gleich wieder die erste nach rechts. Hier durchgefahren bis zur Einmündung, schwenken wir kurz nach links und dann erneut nach rechts: So kommen wir wieder an den Punkt, wo die Abfahrt zur Ermita beginnt. Wir fahren also zum Schluss den Lohn für die Mühen des Aufstiegs ein!

El Morral
Cala Sant Vicenç
Port de Pollença
Puig Gros de Ternelles
Puig de Can Groc
Puig de l'Esbaldregat
Puig de la Madona
Pollença
Torrent de Sant Jordi
Camí de Llenaire
Badia de Pollença
Ma-2220
Ma-2200
Ma-2203
Ma-10
Ma-2202
Torrent de la Vall d'en Marc
Puig de Maria
L'Alzinar
Ma-2201
S'Albufereta
Torrent de Sitges
Penya del Rafalet
Tossa del Llamp
Ma-13
Camí Vell de Pollença
Puig des Camp d'Avall
Puig de Sant Miquel
Torrent de Sant Miquel
Camí de na Pontons
Canal de Siurana
Parc Natural de s'Albufera
Ma-3420
Ma-3433
Ma-3450
Ma-2131
Campanet
Sa Pobla
Pinar de Son Alemany
Ma-3431
Búger
Ma-3430
P
1
2
3
4
5
6
7
8
9
10
11
12

ALLES AUF EINEN BLICK

Entspannung
Abenteuer
Vielfalt

WIE & WANN

Asphaltierte, verkehrsarme Nebenstraßen, 2 und 4 Kilometer auf einem Seitenstreifen einer Hauptstraße, an der Küste separater Radweg. Auf dem Abstecher nach Campanet 1,8 Kilometer lange Steigung, sonst keine großen Anstiege. Ganzjährig befahrbar, kaum Schatten.

HIN & WEG

Auto: Wenige Parkplätze an der Zufahrt zur Ermita Sant Miquel (Carrer de Na Pontons/ Ecke Camí Vell de Pollença), 07310 Campanet
ÖPNV: Keine direkte Anbindung an die Strecke. Der nächste Bahnhof in Sa Pobla liegt 7 Kilometer entfernt.

ESSEN & ENTSPANNEN

4 **Restaurant Stay,** Moll Nou, 07470 Port de Pollença, Tel. +34 (9 71) 86 40 13, www.stayrestaurant.com
5 **Gran Café 1919,** Passeig d'Anglada Camarasa 2, 07470 Port de Pollença, Tel. +34 (9 71) 86 84 26, www.grancafe1919.com
6 **Ca'n Moixet,** Plaça Major 2, 07460 Pollença, Tel. +34 (9 71) 53 42 14, canmoixet.wixsite.com/canmoixet
12 **Bar Es Club,** Plaça Major 25, 07310 Campanet, Tel. +34 (9 71) 51 60 48, www.baresclub.com

ENTDECKEN & ERLEBEN

1 **Ermita Sant Miquel,** Polígono 10, 07310 Campanet
2 **Badia de Pollença,** 07460 Pollença
3 **Port de Pollença** (Sportboothafen), 07470 Port de Pollença
7 **El Calvari** (Kalvarienberg), 07460 Pollença
8 **Torre Desbrull,** Carrer de Miquel Capllonch 7, 07460 Pollença
9 **Claustre de Sant Domingo,** Carrer de Guillem Cifre de Colonya 0, 07460 Pollença, Tel. +34 (9 71) 53 40 11
10 **Coves de Campanet** (Tropfsteinhöhlen), Camí de Ses Coves, 07310 Campanet, www.covesdecampanet.com
11 **Fonts Ufanes** (Quellen), 07310 Campanet

Strandausflug

Über die Via Verde nach Sa Coma

Unsere Tour beginnt in **Manacor am Bahnhof.** Wir pedalieren mit dem Rücken zum Bahnhofsvorplatz etwas halb links gegenüber in die kleine Straße und landen dann geradeaus auf dem **Passeig del Ferrocarril,** der ehemaligen Bahntrasse durch die Stadt. Nach 1,5 Kilometern kurz vor dem zweiten Kreisel sehen wir – jetzt am Ende der Bebauung links auf freiem Feld – schon den schnurgeraden Beginn der **Via Verde.** Hier können wir – wenn wir mit dem Auto angereist sind – am Straßenrand auch gut parken. „Via Verde" nennen die Spanier umgestaltete ehemalige Bahntrassen. Unsere Via Verde – die einzige auf Mallorca – führt von Manacor nach Artà.

*Die Inselregierung hatte beschlossen, die lange stillgelegte Trasse zu reaktivieren. Bahnhöfe waren bereits neu gebaut worden, als eine Nachfolgeregierung den Ausbau abrupt stoppte. Anschließend wurde die Trasse dann zu einer **Via Verde** umgestaltet.*

Auf dieser Via Verde zu radeln, braucht keine Wegweisung. Sie geht immer deutlich durch die Landschaft: über Rampen, Landschaftseinschnitte und Dämme; und sogar zwei Tunnel sind dabei. Sie ist so gebaut worden, dass die Züge weder übermäßige Steigung zu bewältigen hatten noch zu enge Kurven. Und davon profitieren wir jetzt! Es ist ein herrliches, unangestrengtes Rollen hier auf dieser Strecke, wie immer auf ehemaligen Bahntrassen. Und wir haben wunderbare Weitblicke in die Landschaft! Immer wieder müssen wir unsere Fahrt stoppen, um die atemberaubenden Panoramen in uns aufzunehmen und vielleicht auch zu fotografieren. Der Weg ist nicht asphaltiert, lässt sich aber normalerweise gut fahren. Ein Unwetter 2018 hat die Sanddecke – abschnittweise – durchscheinend für den felsigen Untergrund gemacht. Hier mit

Kilometer: 47

Höhenmeter: 310

Stunden: 4

STRECKE (HIN UND ZURÜCK)

breiteren Reifen zu fahren, ist sicher angenehmer als mit schmalen Rennradreifen; noch besser treffen wir es mit einem Mountainbike. Wir finden an den ruppigen Abschnitten schnell die glatt gefahrenen Spuren an den Rändern des Weges.

Kurz vor Sant Llorenç des Cardassar kommen wir sogar durch einen Tunnel nur für uns Radfahrer! Lange war der hinter diesem liegende renovierte Bahnhof Sant Llorenç verwaist – ein trauriger Anblick. Umso größer war die Freude, als sich vor einigen Jahren doch noch jemand gefunden hatte, der dort das Cafeteria-Restaurant 1 **s'Estació** eröffnete. Es liegt naturgemäß direkt an der Trasse, hat eine interessante Karte und wird auch von den Einwohnern sehr gut angenommen. Hier können wir uns einen Kaffee – und auf der Rückfahrt vielleicht sogar ein Menü – gönnen: Das ist wirklich lohnend (Tageskilometer 10).

Promenade von Cala Millor

Innen sind im Großformat nostalgische Fotos aus der Zeit angebracht, als hier noch eine Bahn fuhr. Und dazu haben wir draußen auf der Terrasse – dem ehemaligen Bahnsteig – etwas oberhalb des Ortes einen schönen Panoramablick. Nach dem eventuellen Kaffee und vielleicht einem Pa amb Oli rollen wir weiter auf der Via Verde Richtung Son Carrió.

Für die Seele
Nach Panoramablicken in die Landschaft können wir am Strand relaxen.

Wir passieren den Haltepunkt **Son Carrió,** wo wir auf dem Rückweg wieder die Bahntrasse entern werden. Hier sieht man noch Wagenhallen, die – halb fertig – nie in Gebrauch genommen worden sind, weil die Reaktivierung der Strecke gestoppt wurde, nachdem bereits einige Servicegebäude fertiggestellt worden waren. Im neuen Bahnhofsgebäude in Son Servera hingen sogar schon die Lampen!

Wer eine ***kürzere Tour*** *machen möchte, kann erst in Son Carrió einsetzen und hier auch enden. Dann sind es nur 21 Kilometer.*

Etwa 7 Kilometer hinter Son Carrió bei **Son Servera** (bei Tageskilometer 20), wenn wir auf die Kreisstraße treffen, biegen wir von der Bahntrasse rechts ab Richtung **Cala Millor.** Dies ist auch deutlich ausgeschildert. Ein separater Radweg mit rotem Untergrund führt uns in fast gerader Linie hinab zur Küste. Wir haben jetzt angenehme 22 Kilometer hinter uns, sodass wir uns auf der Promenade eine weitere Pause gönnen und mit Blick auf das Meer die Seele baumeln lassen könnten. Hier sind wir in einem Touristenort, dessen **❷ Strandpromenade** vor Cafés und Restaurants nur so strotzt. Trotz des Trubels fühlen wir uns wohl. Für die Weiterfahrt haben wir jetzt einen Leckerbissen: 4,5 Kilometer können wir den wunderbaren Küstenradweg nach rechts entlangrollen – immer mit Blick auf das Meer. An einem felsigen Küstenvorsprung bringt uns der Radweg auf dessen Rückseite herum. Auf diesem Vorsprung liegt in einem Naturschutzgebiet das **❸ Castell de sa Punta de n'Amer.** Sobald uns der Radweg zurück ans Meer am Strand von **Sa Coma** geführt hat, könnten wir die Fahrräder anschließen und

Das ***Castell de sa Punta de n'Amer*** *wurde 1669 als Wehrturm fertiggestellt. Es war einer von vielen Türmen des Küstenfestungsnetzes. Die vorstehende Halbinsel war ein guter Kontrollpunkt, der auch im Spanischen Bürgerkrieg zur Überwachung der östlichen Gewässer genutzt wurde.*

Castell de sa Punta de n'Amer

Blick vom Castell auf die Cafeteria

den kurzen Weg von 1,7 Kilometern zum Kastell hinauflaufen – einem Wehrturm, der in früheren Zeiten der Verteidigung der Insel gegen Piratenüberfälle diente. Wir könnten den Weg auch mit dem Fahrrad zurücklegen: Er ist etwas steinig, aber gut zu bewältigen. Nur gelegentlich ist punktuelles Absteigen nötig, wenn wir Erosionsrillen überqueren müssen. Eine schöne Strecke, die sanft ansteigt und von duftenden Kiefern gesäumt ist. Frei laufende Pferde könnten uns hier begegnen.

Oben genießen wir das weite Panorama in alle Richtungen: auf das Hinterland, die buchtige Küstenlinie und das Meer, das uns mit seiner frischen Brise erfreut. Schon von Weitem leuchtet das Kastell aus typisch mallorquinischem Marèsgestein. Wir können sogar den umlaufenden Graben auf einer Zugbrücke überwinden, um in dem Turm die enge Wendeltreppe nach oben zu steigen. Auf der Plattform stehen noch zwei alte Kanonen. Wir stellen uns die aufregenden Zeiten vor, als die Wachmannschaft eine Piratenschiffsichtung hatte und eilig ein vorbereitetes Feuer entzündete, um die weiter im Landesinneren liegenden Ortschaften zu warnen. Da läuft in unserem Kopf ein richtiger Film ab. Um wieder in der Realität anzukommen, könnten wir dann als Stärkung für den kleinen Aufstieg die Cafeteria ❹ **Es Castell** aufsuchen, die direkt unterhalb des Kastells auf einem Plateau liegt. Wenn wir zurückgehen oder radeln, freuen wir uns auf den schönen naturnahen Teil des Naturstrandes von ❺ **Sa Coma** hier in der Bucht, der zum Hinterland hin von niedrigen Sandwällen und kleinen Kiefern eingefasst ist. Er lädt uns zum Faulenzen und zu einem Bad im Meer ein. Was gibt es Schöneres bei einer Radtour, als sich am Wasser niederzulassen und sich – für eine Weile – dem süßen Nichtstun hinzugeben? Diese Pause gönnen wir uns!

Wenn wir uns dann losgerissen haben vom sonnigen Strand und dem beruhigenden Rauschen der Brandung, setzen wir unsere Tour auf dem Küstenrad-

Strand von Sa Coma

weg fort und biegen kurz vor dem Mündungstrichter eines Torrent zusammen mit dem Radweg nach rechts ins Landesinnere ab. Sodann passieren wir die archäologische Ausgrabung einer Wohnstätte aus der Zeit um 1100 vor Christus, ❻ **Talaiot de s'Illot.** Mit dem Radweg rollen wir auf der Carrer de Llebeig, wo es ein Besucherzentrum gibt, das über die Geschichte dieser Siedlung informiert, ein maßstabgerechtes Modell zeigt und in einem virtuellen Theater Szenen aus dem Alltag der Siedlung vermittelt.

Anschließend nehmen wir die **Ma-4021,** die ins Hinterland führt, erreichen am Kreisel die Ortsverbindungsstraße, auf der wir 320 Meter nach rechts radeln, um dann links auf den unbefestigten, aber gut befahrbaren, langen Weg zwischen Feldern zu kommen. Und schon sind wir wieder im ländlichen Mallorca mit den schönen blumenbewachsenen Wegesrändern sowie Feldern und baumbestandenen Weiden. Am Ende des Weges an der Einmündung biegen wir nach links in die Verbindungsstraße **Carretera de sa Torre Nova,** die uns nach Son Carrió bringt.

*Die Ausgrabungsstätte **Talaiot de s'Illot** (talaiotische Siedlung von s'Illot) liegt ganz uncharmant eingeklemmt zwischen Straßen und ist frei zugänglich. Typisch für die damalige Kultur waren runde Türme, die Talaias.*

Unsere Tour ginge jetzt mit der Straße nach rechts oben zum ehemaligen Bahnhof, es sei denn, wir wollen noch einmal den kleinen Ort anschauen und vielleicht an der Kirche im ❼ **Alma Cas Patró** mit seiner freundlichen, zugewandten Bedienung einkehren. In dem familiengeführten Restaurant gibt es raffinierte Köstlichkeiten zu fairen Preisen. Dazu biegen wir dann an der Brücke nach links ein. Später oben am Bahnhof können wir wiederum nach links auf die Bahntrasse einschwenken, die uns auf dem gleichen Weg wie auf der Hinfahrt wieder zurück nach Manacor bringt. Erstaunlich, wie sich die Eindrücke ändern, wenn wir in die andere Richtung fahren. Nach kurzer Zeit bemerken wir auch, dass der Weg eine unmerkliche Abwärtstendenz hat: Der Schwung schenkt uns Leichtigkeit und lässt uns fröhlich pfeifend ans Ziel kommen.

*Wer Lust hat, auf der Rückfahrt durch das **Innere Manacors** zu radeln, kann der in Tour 6 beschriebenen Route folgen.*

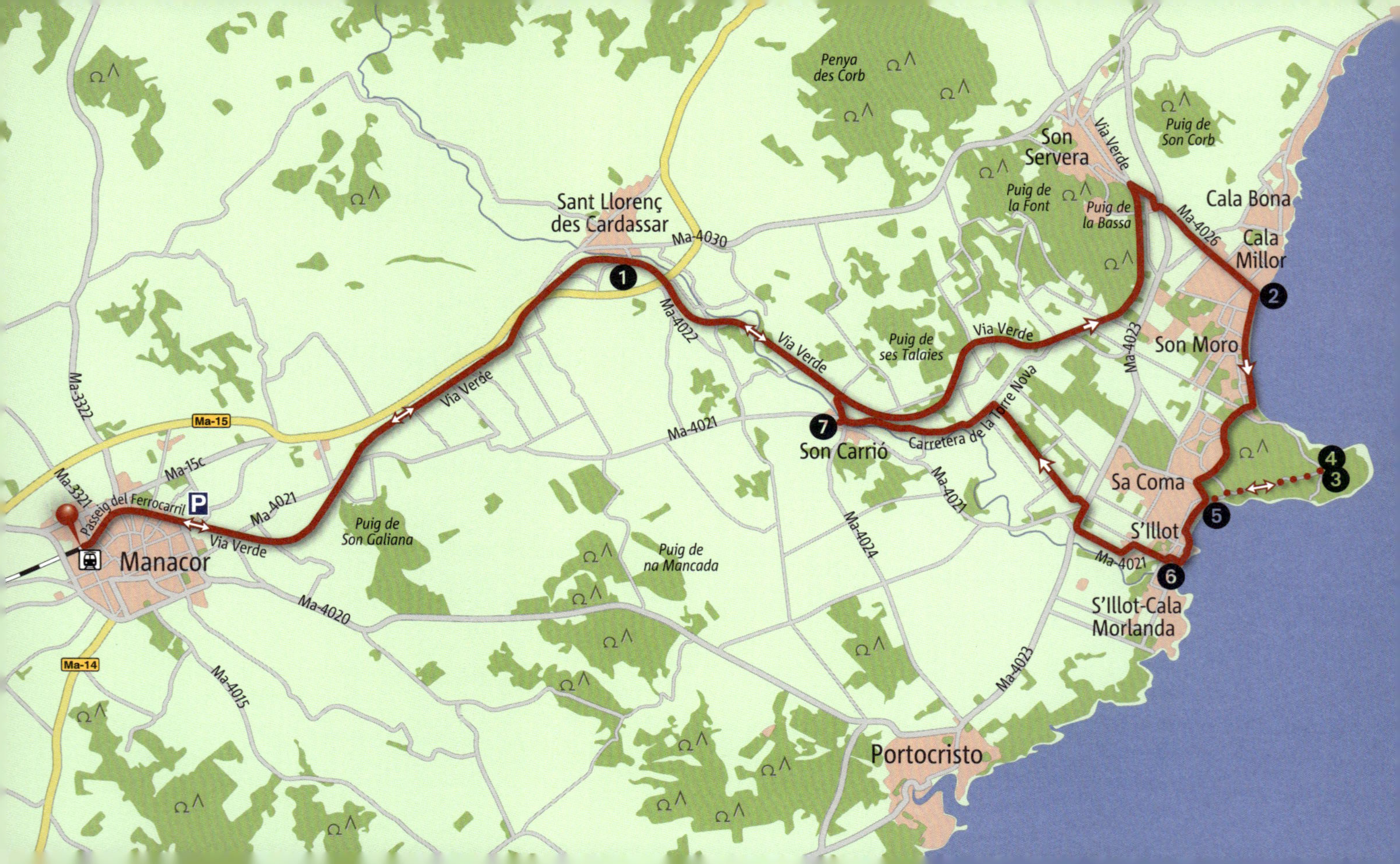

Penya des Corb
Puig de Son Corb
Son Servera
Via Verde
Cala Bona
Cala Millor
Puig de la Font
Puig de la Bassa
Sant Llorenç des Cardassar
Ma-4030
Ma-4026
Ma-4022
Ma-4023
Son Moro
Puig de ses Talaies
Carretera de la Torre Nova
Ma-4021
Son Carrió
Sa Coma
S'Illot
S'Illot-Cala Morlanda
Ma-3322
Ma-15
Ma-15c
Ma-3321
Passeig del Ferrocarril
P
Manacor
Puig de Son Galiana
Puig de na Mancada
Ma-4024
Ma-4020
Ma-4015
Ma-14
Portocristo
1
2
3
4
5
6
7

ALLES AUF EINEN BLICK

Entspannung 4/5
Abenteuer 4/5
Vielfalt 5/5

WIE & WANN

Motorverkehrsfreie Strecke auf einer ehemaligen Bahntrasse, teilweise etwas ruppig. Unbefestigte Verbindungswege und befestigte Radwege. Für Rennsporträder mit schmalen Reifen nicht geeignet. Zu jeder Jahreszeit befahrbar, kein Schatten.

HIN & WEG

Auto: Parken auf dem Passeig del Ferrocarrril am Beginn der Via Verde, 07500 Manacor
ÖPNV: Bahnhof Manacor

ESSEN & ENTSPANNEN

1 **s'Estació,** Camí de s'Estació, 07530 Sant Llorenç, Tel. +34 (8 71) 25 19 33, estaciorestaurant.cat
4 **Es Castell,** Carrer Castell, 07560 Sa Coma, Tel. +34 (6 37) 52 46 47
7 **Alma Cas Patró,** Carrer Major 13, 07540 Son Carrió, Tel. +34 (6 19) 96 60 16

Außerdem zahlreiche Cafés und Restaurants an der Strandpromenade von Cala Millor

ENTDECKEN & ERLEBEN

2 **Strandpromenade,** 07560 Cala Millor
3 **Castell de sa Punta de n'Amer,** 07560 Sant Llorenç des Cardassar
5 **Sa Coma** (Naturstrand), 07560 Sa Coma
6 **Talaiot de s'Illot** (Ausgrabungsstätte), Carrer Llebeig 3, 07530 Sant Llorenç des Cardassar, Tel. +34 (9 71) 81 14 75

Vier-Buchten-Tour

Meeresblicke an der Ostküste

Diese Tour verläuft in Schleifen zu drei Hafenorten und macht einen Abstecher zu einem Strand im Naturpark Mondragó. Sie startet in **S'Alqueria Blanca** am dreieckigen Platz neben der Kirche. Mit dem Platz an unserer linken Seite fahren wir die Durchfahrtsstraße ein Stück hinunter und biegen in die erste Straße, die **Carrer de sa Torre,** rechts ab. Sie bringt uns nach Portopetro. Nachdem wir S'Alqueria Blanca verlassen haben, geht es eine ganze Weile in schöner Landschaft abwärts. Das erste Sträßchen nach rechts weit hinter dem Ort merken wir uns schon einmal, weil wir bei der Rückkehr von unserer Schleife um Portopetro hier einbiegen werden. Kurz danach, am Zusammentreffen mit zwei Sträßchen von links, biegen wir ab, und zwar in das zweite nach links. Nach unserer Schleife um Portopetro werden wir auch an diesen Punkt wieder zurückkommen. An einer folgenden Einmündung halten wir uns ebenfalls links. Direkt an der Auffahrt zur modernen Hauptzufahrtsstraße **Ma-19** nach Portopetro gibt es rechter Hand eine kleine Unterführung zur Fortsetzung des Sträßchens auf der anderen Seite. Sie ist steinig; aber gegenüber geht es mit Asphalt weiter.

Vor **Portopetro** treffen wir dann noch einmal auf die **Ma-19,** der wir jetzt für ein kurzes Stück nach links ins Zentrum folgen müssen. Unten am **① Port,** dem Sportboothafen, angekommen, bietet sich Gelegenheit für eine Pause oder gar schon ein Mittagessen. Was für ein schöner Küstenort! Wir sind erst 5 Kilometer geradelt, aber ein bisschen Verweilen

Kilometer: 46

Höhenmeter: 310

Stunden: 4–5

RUNDTOUR

Portopetro

muss hier schon sein. Sehnsüchtig schauen wir auf die kleinen Boote, die in den zarten Wellen schaukeln, genießen die sanfte Brise des Meeres und träumen von einer Bootstour.

Aber wir haben ja noch einiges vor uns: Wir folgen der Hafenlinie um den Ort herum und kommen zu einem Kreisel, der uns geradeaus wieder aus dem Ort herausführt. Sodann fahren wir später nicht in die Wohnstraßen hinein, sondern orientieren uns an der Linkskurve der Straße und erreichen einen weiteren Kreisel, den wir in Geradeausrichtung verlassen. Jetzt wird die Straße ländlich. An der folgenden Einmündung radeln wir rechts, halten uns geradeaus und treffen nach 2 Kilometern erneut auf die Abzweigungen, wo wir vorhin, aus der Gegenrichtung kommend, links abgebogen sind. 800 Meter weiter nach dieser Vereinigung geht jetzt links – wie wir es uns vorhin schon gemerkt haben – das Sträßchen ab, dem wir nun eine Weile für 2,5 Kilometer folgen. Die dann kom-

An der versetzten Kreuzung könnten wir die Tour ***verkürzen,*** *indem wir dem Verlauf der Straße nach rechts folgen.*

mende etwas versetzte Kreuzung ist der Punkt, wo sich weitere Schleifen treffen.

Für unsere Vier-Buchten-Tour aber biegen wir am ersten Sträßchen nach links ab. Wir folgen ihm für lange Zeit und machen seine Rechtskurve mit. An der kommenden Einmündung biegen wir links und an der sofort folgenden Gabelung rechts ab. An der nächsten Gabelung nehmen wir den linken Zweig. Wir radeln durch ein kleines mit Bäumen bestandenes Gebiet und halten uns an der Einmündung links. Kurz danach an einer Kreuzung mit einem Wegedreieck biegen wir links zu den Stränden des Naturparks Mondragò ab. Hierher wird uns unsere Route später nach einer Schleife an der Steilküste zurückführen. Hinter einer kleinen Siedlung macht unsere Straße eine Rechtskurve, um kurz danach nach links in Richtung der Strände abzubiegen. Wir merken uns diesen Abzweig, denn auch hierher kommen wir nach dem Strandbesuch wieder zurück.

Für die Seele

Atemberaubende Panoramen und pittoreske Hafenorte verzaubern uns.

Unser Ziel ist **S'Amarador** – der erste von vier kleinen Stränden in dieser verwinkelten Bucht. Schilder weisen uns die Richtung. Der gewundene Verlauf der Straße führt uns über den großen Parkplatz und die Schranke hinaus, bis es hinunter zum Strand geht. Auf halber Höhe können wir die Fahrräder anschließen, wenn Badesaison ist, ein erfrischendes Bad nehmen und uns ein bisschen die Sonne auf den Bauch scheinen lassen. Das tut so richtig gut, jetzt nach 20 Kilometern! In der Badesaison ist unten auch der Kiosk mit Snacks, ❷ **Chiringuito S'Amarador,** geöffnet. Zurück geht es auf demselben Weg bis zum letzten Abzweig, den wir uns vorhin eingeprägt haben, wo wir jetzt aber nach links abbiegen auf eine Straße, die uns kurz hinter ❸ **s'Estret des Temps** ein Stückchen an der Steilküste entlangführt und uns damit wieder atemberaubende Ausblicke auf das Meer und die zerklüftete Landschaft bietet. So dicht waren wir bisher noch nicht an einer Steilküste! Wir halten wirklich kurz die Luft an!

Um unser nächstes Ziel Cala Figuera zu erreichen, müssen wir erneut einen weiten Bogen ins Landesinnere schlagen. Wir folgen der Rechtskurve der Straße und kommen zu der Kreuzung mit dem Wegedreieck, die wir vorhin schon einmal, aus der Gegenrichtung kommend, gestreift hatten. Aber hier biegen wir jetzt links in den **Camí de S'Eriçó** ab, der uns nach 1,5 Kilometern nach seiner scharfen Linkskurve zur Hauptstraße **Ma-6102** bringt. Auf diese nach links abgebogen, kommen wir hinunter zur **④ Cala Figuera.** Im Ort biegen wir beim Wegweiser „Port" links ab und gelangen hinunter zur Mole. Nun befinden wir uns in einer wirklich pittoresken, fjordartigen Bucht mit einem kleinen Hafen, an dem noch echte Fischerboote anlanden. Auch Touristenboote schippern von hier aus die Ostküste hoch. Jetzt haben wir mehr als die Hälfte unserer Tour geschafft und können uns eine Verpflegungspause in einem der zahlreichen Restaurants gönnen! Und es gibt kaum etwas Schöneres, als uns am Buchtrand auf der Fußpromenade, die hier beginnt und wo wir die Räder durchschieben, ein Lokal auszusuchen, uns

Cala Figuera

Blick auf die Cala Santanyí

auf den Terrassenplätzen mit Blick auf die Bucht niederzulassen und eine mallorquinische Spezialität zu genießen. Am Ende der Promenade am **Hotel Villa Serena** schieben wir noch das ziemlich steile Stück Straße nach rechts hoch, rollen an der kommenden Kreuzung nach links in die Straße mit der Rechtskurve und nehmen dann die dritte Möglichkeit rechts, die uns zur Ortseingangsstraße zurückbringt. Jetzt haben wir unsere Schleife um Cala Figuera hinter uns.

Wir fahren die Straße wieder hinauf – dieses Mal nur bis zum Kreisel – und biegen dort links ab. Unser nächstes Ziel Cala Santanyí ist bereits ausgeschildert. Nach 1 Kilometer an der vierten Straße links biegen wir ins Wohngebiet ab, um noch einen weiteren wunderschönen Aussichtspunkt zu streifen. An der kommenden Einmündung halten wir uns links und rollen an einer Schranke vorbei zu dem Aussichtspunkt mit seinem Turm **5 Sa Torre Nova de Sa Roca Fesa:** schon wieder ein atemberaubender Blick, sowohl nach links als auch nach rechts auf die felsige Steilküste, an der sich die Wellen brechen und hoch aufschäumen. Sonnenbeschienene Kiefern hängen über dem goldenen Klippengestein: Das ist so bezaubernd, dass wir uns gar nicht wieder losreißen können. In der Mitte der Sackgasse steht – umgeben von Domizilen der Schönen und Reichen – erneut ein runder Wehrturm, der aber dieses Mal nicht zugänglich ist. Wir reißen uns von der fantastischen Aussicht los, fahren aus der Sackgasse wieder heraus und bleiben nun geradeaus.

Später an einer Gabelung halten wir uns rechts bis zu einer Einmündung. Dort radeln wir links und an der nächsten Einmündung ebenfalls links. Nun führt die Straße recht steil in einem Bogen zur schmalen **6 Badia de Cala Santanyí** hinunter. Der schöne Strand ist links und rechts von hohen Felsen eingefasst. Angenehm ist es, sich hier ins Wasser zu stürzen. Wer vorhin nicht gebadet hat, kann dies hier nachholen. An die Felsen geschmiegt ist ein Hotel mit seinem Restaurant. Treppen führen die Uferkanten hoch zu weiteren Einkehrmöglichkeiten. Wir fahren die Straße am Parkplatz vorbei, weg vom Strand, und biegen an der Gabelung in die Straße nach links, die uns hinauf in die kleine Siedlung oberhalb der Bucht führt. Kurz vor dem Ende der Straße – an einer Kreuzung – machen wir einen kleinen Abstecher nach links zu einem weiteren Aussichtspunkt, dem **7 Mirador de Cala Llombards** und der Felsenbrücke **Es Pontàs:** wieder eine tolle Aussicht und Motiv für atemberaubende Bilder. Die letzten 50 Meter müssen wir schieben, dann die Fahrräder abstellen und vorsichtig ein paar Meter zu Fuß zur Kante gehen. Hier sind auch gewagte Steinskulpturen eines deutschen Künstlers zu bewundern. Das ist das wilde Mallorca!

Zurück an der Kreuzung von vorhin fahren wir jetzt geradeaus, immer der Straße folgend aus dem Ort heraus und hinein in die Felder- und Weidelandschaft. An einer Einmündung führt unsere Tour nach rechts. Auf dieser Straße mit ihrem gewundenen Verlauf blei-

ben wir jetzt, biegen nicht nach rechts oder links ab und fahren damit für 3 Kilometer direkt auf **Santanyí** zu. Nach Überquerung der Ortsrandstraße kommen wir zur **Carrer des Rafalet.** Sie macht später einen kleinen Linksschwenk. Nach diesem biegen wir in die zweite Straße rechts ab, die **Carrer de la Guàrdia Civil,** die uns direkt auf die lang gezogene **Plaça Major** und die zentrale Kirche bringt. Hier gibt es zahlreiche Cafés und Restaurants – häufig auch mit auf Deutsch beschrifteten Tafeln an den Außenwänden. Für unsere Weiterfahrt nehmen wir von der Plaça Major noch vor der Kirche die kleine Straße nach rechts, biegen zweimal links ab und kommen so zu einer großen versetzten Kreuzung mit einem Dreieck in der Mitte, wo wir weiter geradeaus auf der **Carrer de ca'l Reiet** aus dem Städtchen herausfahren.

Nach 500 Metern halten wir uns an der Einmündung rechts. Kurze Zeit später – schon außerhalb des Ortes – weist uns ein Fahrradroutenzeichen in die erste Straße links. Wir kommen wieder zur verwinkelten, etwas versetzten Kreuzung, wo diejenigen, die die verkürzte Tour gefahren sind, der Straße gefolgt sind, in

Zufahrt zum Wallfahrtshügel

die wir jetzt auch links abbiegen. Kurze Zeit später treffen wir auf die viel befahrene **Ma-19,** in die wir aber nur für 300 Meter nach links einbiegen. Gleich darauf tut sich nach rechts ein Sträßchen auf, dem wir bis zur Einmündung folgen, wo wir uns dann wiederum nach rechts wenden. Jetzt müssen wir etwas auf den Straßenbelag achten, denn hier gibt es reichlich Schlaglöcher. Nach circa 1 Kilometer wird der Untergrund wieder glatter. Wir rollen auf dieser Route quasi von oben auf **S'Alqueria Blanca** zu und bleiben auf diesem Sträßchen, das sich zwischen Feldern und Gärten dahinwindet. Wenn das zweite Mal an einem Wegedreieck eine Straße von rechts dazukommt, fahren wir aber nach links hoch. Kurz dahinter an der nächsten Abzweigung geht unsere Tour rechts weiter.

Wer von uns noch Energie hat, sollte aber unbedingt die 300 Meter geradeaus hochfahren oder schieben, die Fahrräder anschließen und die Treppe auf den Berg zur Wallfahrtskirche **8 Santuari de la Consolació** hinaufsteigen, um einen herrlichen Überblick über die Landschaft zu erhalten.

Die Aussicht zwischen den Pinien hindurch auf die Landschaft und das Meer entschädigt uns sofort für

*Die kleine Klosteranlage mit der **Kirche Santuari de la Consolació** ist 1523 das erste Mal urkundlich erwähnt worden. Der ummauerte Komplex besteht aus der eigentlichen Kirche sowie mehreren Nebengebäuden und einem Innenhof mit einem Ziehbrunnen.*

die kleine Mühe des Aufstiegs. Beim Anblick dieses festungsartigen Kirchleins fühlen wir uns in vergangene Jahrhunderte versetzt und überlegen uns, wie in früheren Zeiten die Einsiedler hier wohl gelebt haben mögen. Auf dem beschatteten Vorplatz weht ein leichter Wind: Hier können wir durchatmen. Himmlische Ruhe empfängt uns auf 200 Metern Höhe an diesem vom Massentourismus verschonten Ort. Weit schweift der Blick zur Küste. Bei klarer Witterung reicht er bis zu den **Cabrera-Inseln.** Nachdem wir die Treppe hinuntergegangen sind und die Fahrräder erreicht haben, führt uns unsere Tour jedoch an dem erwähnten Abzweig – nun von oben kommend – natürlich nach links und wenig später an der Einmündung wieder nach rechts.

Jetzt fahren wir auf **S'Alqueria Blanca** zu. Am Ortseingang halten wir uns links und dann sofort danach wieder in die engen Gässchen rechts. Diese Straße führt uns direkt zur Kirche und damit zum Ausgangspunkt zurück. Wer jetzt noch einmal einkehren will: Das Restaurant **9 Sa Plaça** ist für seine guten und besonders seine vielfältigen Tapas bekannt! Hier können wir noch einmal Spanien, die Insel und das mediterrane Leben feiern!

Kirche Sant Josep in S'Alqueria Blanca

S'Alqueria Blanca
Ma-4012
Ma-4013
Cala Serena
Cala d'Or
Cala Egos
Portopetro
Camí de Can Jordi
Camí des Goret Vell
Ma-19
Ma-14
Camí de sa Torre
Carrer son Valens
Camí de Son Marimón
Camí de sa Torre
Camí de Son Garrot
Santanyí
Torrent de ses Coves del Rei
Parc natural de Mondragó
Torrent Roig S'Amarador
S'Amarador
Ma-6100
Ma-6102
Camí de S'Eriçó
Son Moja
Cala Santanyí
Cala Figuera
Cala Llombards

ALLES AUF EINEN BLICK

Entspannung 3/5
Abenteuer 4/5
Vielfalt 5/5

WIE & WANN

Leichte Tour auf kleinen asphaltierten Straßen. Steigungen von den Küstenorten ins Hinterland, Treppen am Berg mit der Santuari de la Consolació. Zu jeder Jahreszeit befahrbar, kein Schatten.

HIN & WEG

Auto: Parken in den Nebenstraßen (zum Beispiel Passeig de ses Palmeres), 07691 S'Alqueria Blanca
ÖPNV: Keine Anbindung an die Strecke mit Fahrradtransport

ESSEN & ENTSPANNEN

2 **Chiringuito S'Amarador** (Kiosk am Strand S'Amarador), zwischen Cala Figuera und Portopetro
9 **Sa Plaça,** Plaça San José 23, 07691 S'Alqueria Blanca, Tel. +34 (9 71) 16 40 22

Außerdem zahlreiche Einkehrmöglichkeiten in Portopetro, Cala Figuera, Cala Santanyí und an der Plaça Major in Santanyí

ENTDECKEN & ERLEBEN

1 **Port** (Sportboothafen), 07691 Portopetro
3 **s'Estret des Temps** (Steilküste), östlich von Cala Figuera
4 **Cala Figuera,** 07659 Cala Figuera
5 **Sa Torre Nova de Sa Roca Fesa,** zwischen Cala Santanyí und Cala Figuera
6 **Badia de Cala Santanyí,** 07659 Cala Santanyí
7 **Mirador de Cala Llombards,** 07690 Cala Llombards
8 **Santuari de la Consolació,** Camí de sa Teulera, 07691 Santanyí

Küste und Kakteen

Eine Acht um Es Llombards

Unsere Tour startet auf der Mole im Hafen von **Colònia de Sant Jordi.** Wir fahren an der schönen Promenade entlang des kleinen Stadtstrands nach rechts und kommen so automatisch in gerader Linie auf die Straße, die aus dem Ort herausführt. Hier könnte man auch gut parken. Kurz danach am Kreisel halten wir unsere Richtung auf der **Ma-6100** nach Ses Salines. Wir freuen uns, dass an dieser Straße ein Radweg vorgesehen ist, dessen Bau schon begonnen wurde. Nach 4 Kilometern erreichen wir **Ses Salines.** Dort am Kreisel am Ortseingang folgen wir weiter dieser Straße nach rechts durch den Ort.

Für eine etwas kürzere, nur ***23 Kilometer lange Tour*** *könnten wir auch in Ses Salines starten und enden.*

Beim nächsten Kreisel halten wir uns geradeaus in die kleine Straße **Camí de Cas Perets,** die uns ins Campo bringt. Sie führt uns durch den trockenen Südosten Mallorcas – den Migjorn – vorbei an Feldern und Gartengrundstücken Richtung Es Llombards. An einer Gabelung halten wir uns rechts und an einer darauffolgenden Einmündung ebenfalls rechts.

Auf diesem Sträßchen mit vielen Windungen rollen wir dann nach **Es Llombards** hinein in Richtung Kirche. Hier ist der Schnittpunkt unserer Tour, die etwa die Form einer Acht hat. Wenn keine Badesaison ist, könnte es sich lohnen, schon kurz Pause in einer der Bars zu machen und einen Kaffee oder Tee zu uns zu nehmen, denn in solchen Zeiten hat der Kiosk später am Strand für eine Stärkung nicht geöffnet. Nach dem Passieren der **Kirche** gabelt sich die Straße: Wir nehmen jetzt den linken Zweig, der gleich darauf nach rechts

Kilometer: 34
Höhenmeter: 200
Stunden: 3
RUNDTOUR

abbiegt. Nun sind wir auf einem 4 Kilometer langen, einsamen Parcours, der uns immer geradeaus zwischen Feldern – begrenzt von Trockensteinmauern – zur Küste bringt. Blumen und kleine Bauminseln erfreuen das Auge. Das Surren der Grillen begleitet uns und versetzt uns in eine zufriedene Stimmung. Auf einer baumbestandenen Weide sichten wir eine Herde schwarzer Schweine, die neugierig zum Zaun kommen, um die Zweibeiner zu begrüßen. Sie freuen sich über die Abwechslung und erhoffen sich offensichtlich ein Leckerli.

Nach knapp 4 Kilometern, kurz vor der Einmündung in die Straße, die uns nach links in den Küstenort Cala Llombards führen soll, machen wir nach rechts einen Abstecher zu einem Aussichtspunkt, einem 1 **Mirador,** müssen aber hinterher wieder zu diesem Punkt zurückkommen. Der Mirador ist ausgeschildert. Mit einer Links-rechts-Kurve kommen wir dorthin, stellen die Fahrräder ab, gehen ein paar Meter ins Gelände und genießen die Aussicht. Bestimmt schießen wir hier das ein oder andere Foto. Der Blick die Steilküste hinunter auf einen kleinen Strand und die vorgelagerte Felsnase ist atemberaubend. Wir können uns einen Augenblick ins Gras setzen und uns eins mit der unendlichen Weite des Meeres fühlen. Etwa 100 Meter weiter die Straße entlang – vor einer Treppe zu einem anderen kleinen Strand – befinden sich noch ein weiterer Aussichtspunkt und Pfade, die auf die Felsnase führen. Danach zurück am Beginn unseres Abstechers fahren wir dort nach rechts weiter und an der schnell folgenden Einmündung nach links.

Für die Seele

Völlig entspannt rollen wir zur spektakulären Badebucht Cala Llombards.

Es geht in gerader Linie in den Badeort **Cala Llombards** hinein. Dort macht die Straße an einem Hotel einen Rechtsbogen, hinter dem dann etwas später beim Hinweisschild Platja links eine Straße hinunter in die Badebucht führt. Noch zweimal müssen wir uns links halten und zum Schluss sehr steil hinunterrollen zur **2 Badia de Cala Llombards.** Da unsere

Cala Llombards

Badia de Cala Llombards

Tour nicht so lang ist, sollten wir hier in der geschützten Bucht auf jeden Fall eine längere Pause machen und die Seele baumeln lassen – ganz gleich, ob wir nun baden oder nicht. Bei geeigneten Temperaturen ist es angenehm, ins flach abfallende Wasser zu gehen und sich zu erfrischen. Links und rechts des Meeres ragen im Sonnenlicht golden glänzende Felsen steil auf. Wann schwimmt man schon mal in einer derartigen Kulisse? Hier wollen wir gar nicht wieder weg! Wenn wir Hunger oder Durst haben, ist weiter vorne auch ein Kiosk, ein ❸ **Chiringuito,** der in der Badesaison geöffnet hat und uns mit Getränken und kleinen Speisen verwöhnt. Das könnte uns jetzt in der Mitte unserer Tour gut gefallen. Aber auch, sich am Strand ein wenig in die Sonne zu legen und die aufkommende Trägheit zu spüren, ist ja Teil unseres Urlaubserlebnisses. Nach der ausgiebigen Pause müssen wir uns losreißen und auf der Straße das sehr kurze, aber steile Stück hochschieben. Wir fahren auf demselben Weg wieder aus dem Ort hinaus. Jedoch biegen wir früher nach rechts ab auf die Straße Carrer de les Comes. Auf der gegenüberliegenden Seite des Straßenbeginns befindet sich auch ein rosa Radwegweiser (Ruta1). Wieder ein schöner gerader Weg, der am Ende mit einer Links-rechts-Kurve in eine Verbindungsstraße mündet.

Auf dieser nach rechts gewendet, können wir nach 200 Metern links in ein Sträßchen einbiegen, das uns zurück nach **Es Llombards** bringt. An der Einmündung nach links können wir dann in die Ortsmitte hineinfahren. Wenn wir in Cala Llombards keine Einkehr hatten, bieten sich spätestens hier einige Möglichkeiten, beispielsweise ❹ **Can Rita** gegenüber der Kirche mit schön hergerichteten traditionellen Speisen. Hier essen auch die Einwohner. Ein paar Meter nach links kommen wir wieder zum Schnittpunkt unserer Acht. An der Gabelung unserer Straße – mit der Kirche im Rücken – nehmen wir dieses Mal den rechten Abzweig. Wir sind jetzt auf der wenig befahrenen **Ma-6100**

Botanicactus

mit ihrer Rechtskurve, die uns zurück nach Ses Salines bringt, und biegen nicht von ihr ab. Vor Ses Salines auf der rechten Seite gibt es noch einen Leckerbissen: den botanischen Garten 5 **Botanicactus.**

Es handelt sich um ein sehr schön gestaltetes altes Gartengelände mit dem Schwerpunkt Kakteen. Wir staunen über die mehr als mannshohen Kakteen aus aller Welt. Innen ist unter anderem eine Wüstenlandschaft mit Hügeln nachgebildet. Bei warmen Temperaturen flirrt die Luft über den stacheligen Pflanzen. Wenn wir dort auf der Anhöhe stehen, haben wir tatsächlich die Illusion, in einer ganz anderen Welt zu

*Der **Botanicactus** ist 1989 auf flachem Gelände angelegt worden und wird privat betrieben. Der Aushub des großen Sees wurde zu Wällen aufgeschüttet, um das Areal vor Austrocknung zu schützen und die Wüstenlandschaft nachzubauen.*

Strelitzie

sein. Gut, dass es noch einen zweiten Teil in diesem großen Garten gibt: Die Flora Mallorcas bringt uns zurück ins Hier und Jetzt. Dieser Bereich zeigt uns Bäume und Pflanzen Mallorcas, allen voran natürlich uralte Oliven-, Orangen- und Granatapfelbäume. In den Beeten blühen zu jeder Jahreszeit prächtige Blumen! Wir können uns reichlich Zeit nehmen für diesen Besuch, denn wir haben jetzt keine Anstrengungen mehr vor uns: Zurück zu unserem Ausgangsort wird es nur noch unmerklich abwärtsgehen.

Nach unserem Gartenbesuch kommen wir nach rechts an den Kreisel, wo wir auf der Hinfahrt schon ins Campo eingetaucht sind. Jetzt pedalieren wir also nach links durch den Ort und wie bei der Anreise am nächsten Kreisel zurück auf die Straße nach **Colònia de Sant Jordi.** An dessen Ortseingang folgen wir der Einbahnstraßenregelung, indem wir nicht denselben Weg zurück zur Strandpromenade nehmen, sondern dort weiter geradeaus fahren und dann an der dritten Straße, der **Carrer es Jonc,** nach links über die **Plaça des Dolç** zur Promenade zurückkehren und es uns dort gemütlich machen. Vielleicht noch ein zweites, spätes Bad im Meer? Oder ein frühes Abendessen im Restaurant **6 Sal de Coco,** das auf der Mole nahe dem Anleger des Schiffes nach Cabrera liegt. Hier können wir bei einem Getränk und frischem Fisch angenehm sitzen, verträumt auf den Hafen und das Meer schauen sowie unsere Tour Revue passieren lassen.

Was wir auf keinen Fall auslassen sollten, ist eine Portion Eiscreme in der **7 Gelateria Colonial.** Das Eis ist so gut, wie man es außerhalb Italiens nie bekommt. Und die Auswahl an Sorten ist gigantisch! Wir werden noch tagelang von diesem Eis schwärmen. Finden werden wir die Gelateria, indem wir in der Verlängerung der Strandpromenade, der **Carrer Gabriel Roca,** einfach immer weiter geradeaus fahren oder schieben. Dann, an der Ecke zur zweiten Querstraße, sehen wir den Tresen der Eisdiele schon von Weitem.

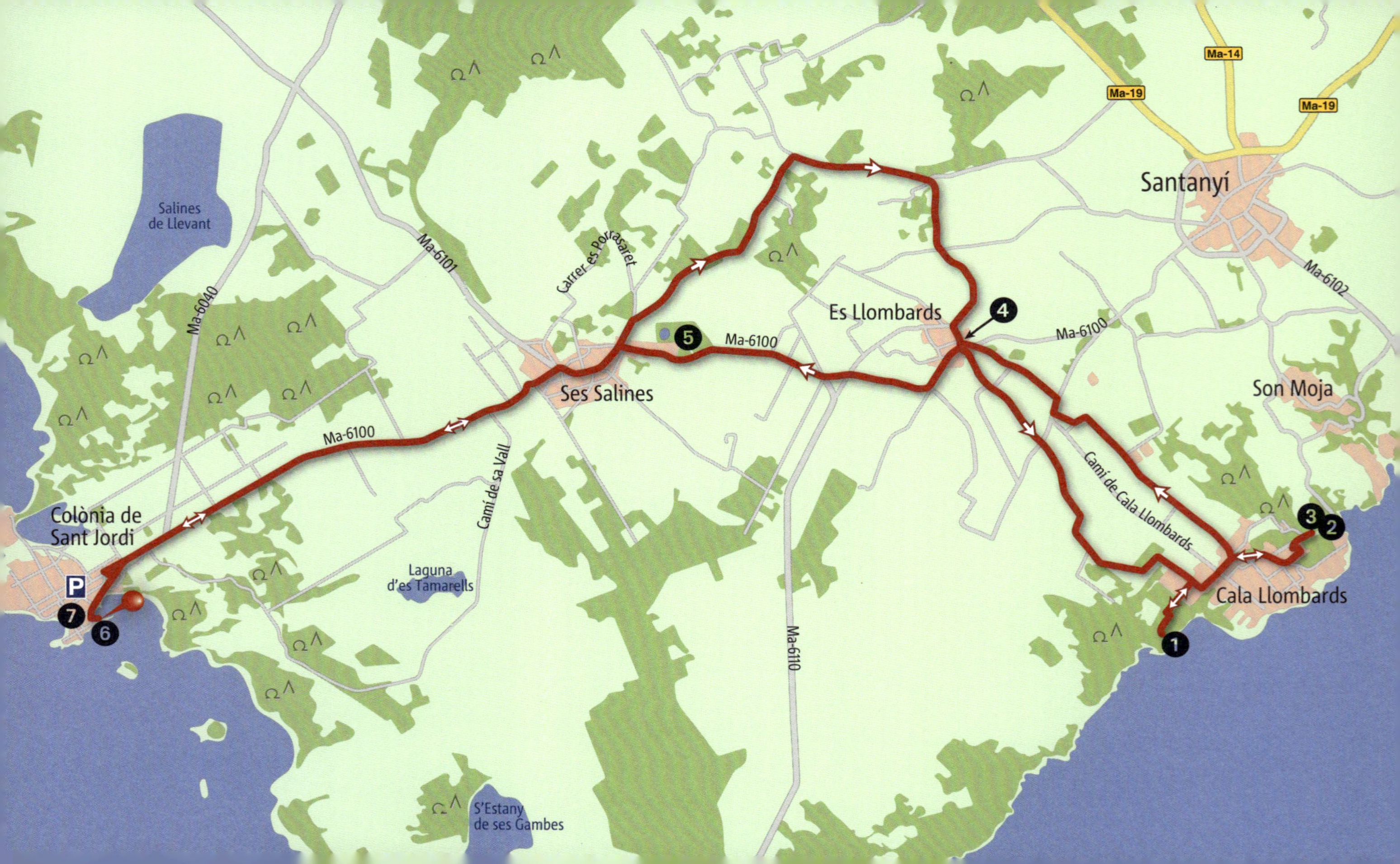

Santanyí
Ma-14
Ma-19
Ma-19
Ma-6102
Son Moja
Es Llombards
Ma-6100
Ma-6100
Camí de Cala Llombards
Cala Llombards
Ses Salines
Carrer es Porrasaret
Ma-6101
Ma-6100
Camí de sa Vall
Ma-6110
Salines de Llevant
Ma-6040
Colònia de Sant Jordi
Laguna d'es Tamarells
S'Estany de ses Gambes
P
1
2
3
4
5
6
7

ALLES AUF EINEN BLICK

Entspannung

Abenteuer

Vielfalt

WIE & WANN

Leichte Tour in flacher Landschaft, durchgehend asphaltiert. Fast nur kleine Nebenstraßen, wenige Kilometer auf Verbindungsstraßen und kaum Verkehr. Zu jeder Jahreszeit befahrbar, besonders schön bei Badewetter, kein Schatten.

HIN & WEG

Auto: Parken am Ortsrand oder in den Nebenstraßen (zum Beispiel Carrer Bonança), 07638 Colònia de Sant Jordi

ÖPNV: Keine Anbindung an die Strecke mit Fahrradtransport

ESSEN & ENTSPANNEN

3 **Chiringuito,** 07690 Cala Llombards

4 **Can Rita,** Carrer Sant Domingo 4, 07690 Es Llombards, Tel. +34 (9 71) 34 90 80

6 **Sal de Coco,** Moll Chamaco, 07638 Colònia de Sant Jordi, Tel. +34 (9 71) 65 52 25

7 **Gelateria Colonial,** Carrer Gabriel Roca 9, 07638 Colònia de Sant Jordi, www.gelateriacolonial.com

ENTDECKEN & ERLEBEN

1 **Mirador,** südwestlich von Cala Llombards

2 **Badia de Cala Llombards,** 07690 Cala Llombards

5 **Botanicactus** (Botanischer Garten), Carretera, 07640 Ses Salines, Tel. +34 (9 71) 64 94 94, www.botanicactus.com

Cruisen am Meer

An der Küste in Palmas Bucht

Unsere Tour startet an der **Station Intermodal** der Bahn in Palma gegenüber der Plaça d'Espanya. Wir überqueren den wuseligen Platz und biegen an seiner rechten Ecke ab zu einer Straße, in die wir rechts einbiegen. Gleich dahinter geht es die erste Möglichkeit links in eine Einbahnstraße, wo der Fahrradstreifen deutlich gekennzeichnet ist. Der Rückweg verläuft später parallel. An einem kleinen Park schwenken wir kurz nach rechts und wieder links. Die deutlich erkennbare Fahrradspur auf der linken Straßenseite bringt uns bis zu einer Einmündung, an der wir rechts abbiegen und so zur Brücke über das tief eingeschnittene Bett des **Torrent de Sa Riera** kommen. Der Torrent führt nur Wasser, wenn es in der Tramuntana geregnet hat. Respektvoll betrachten wir sein Bett und können uns angesichts der Breite und Tiefe des Einschnitts die Gewalt des Wassers vorstellen, wenn die Regenmassen ins Meer rauschen. Hinter der Brücke biegen wir links ab auf einen separaten Radweg parallel zum Flussbett, der uns hinunter zur Bucht führt. Wir rollen auf einem Grünstreifen abwärts, der sich später zu einem kleinen Park erweitert. Links und rechts etwas entfernt von uns stehen große alte Gebäude. Am Ende gelangen wir zur Bucht und überqueren die belebte Küstenstraße an einer Fußgängerampel. Vor und rechts von uns befinden sich verschiedene Hafenanlagen, die uns auch reizen könnten. Etwas weiter hinten legen die Kreuzfahrtschiffe an, deren Passagiere an manchen Tagen die Straßen und Gassen der Innenstadt füllen.

Kilometer: 24

Höhenmeter: 80

Stunden: 2

STRECKE (HIN UND ZURÜCK)

Catedral de Mallorca

Für unsere Tour jedoch biegen wir hinter der Fußgängerampel nach links auf den Radweg ein. Jetzt wird es einfach; wir müssen diesem nur noch folgen. Bei Tageskilometer 2,6 erblicken wir links die prachtvolle ❶ **Catedral de Mallorca,** La Seu, mit einem Bassin davor und dem **Parc de la Mar.** Unter diesem Park befindet sich ein riesiges unterirdisches Parkhaus. Diejenigen, die mit dem Auto angereist sind, können hier parken und die Tour an diesem Punkt beginnen. Wir müssen jetzt einfach einmal die Straße überqueren, um Fotos von der Kathedrale zu schießen, ohne dass uns die Autos der viel befahrenen sechsspurigen Straße die Ansicht verderben. Wer die Kathedrale besuchen möchte, muss außerhalb der Gottesdienstzeiten Eintritt bezahlen. Am besten kommt man früh ab 10 Uhr, da es immer lange Schlangen an den Kassenhäuschen gibt. Wenn die Sonne auf das beeindruckende Gotteshaus scheint, leuchtet die Fassade aus Marèsgestein beinahe golden! Auf dem Rückweg werden wir uns die Bischofskirche genauer anschauen.

Zurück auf dem Radweg an der Wasserseite, bleiben wir jetzt immer auf selbigem. Vorsicht: Er ist recht schmal und in beide Richtungen befahrbar. Bei Begegnungen müssen wir aufmerksam lenken. Wir haben jetzt nicht nur den wunderbaren Blick auf die Kathedrale, sondern auch auf die Bucht und das Strandleben. Bald trennt sich die stark frequentierte Straße vom Rand der Bucht und es wird ruhiger. Der Weg führt malerisch um die Hafenbecken von **Portixol** herum und dann in **Es Molinar** an einer lang gezogenen Promenade entlang, die in der Mitte unserer Tour auf der Höhe von **La Gruta** den dekorativen Obelisken **2 Sa Gavina Blava** auf einem felsigen Vorsprung präsentiert. Er steht auf der Plaça de la Rosa Del Vents auf einem felsigen Vorsprung. Auf seiner Spitze ist eine Windrose montiert, die kürzlich renoviert wurde und nachts leuchtet. Es ist schön, an der Säule einmal haltzumachen und auf die geschwungene Küstenlinie zurückzuschauen. Oben auf der Promenade stehen Bänke, die zum Verweilen einladen. Das geschäftige Palma mit seinem Hafen und den Kreuzfahrtschiffen liegt jetzt schon weit hinter uns und wir genießen in Ruhe das Rauschen der Brandung. Hier finden wir zu uns selbst.

Für die Seele

Wir rollen entspannt am Meer entlang und haben Zeit für Strand und Stadtbummel.

Sa Gavina Blava

Etwas weiter Richtung Es Coll d'en Rabassa finden wir auch wieder Strand und haben vielleicht hier schon Lust, ein erfrischendes Bad im Meer zu nehmen. Später dann umrunden wir in einem Bogen den Hafen von Es Coll. Dahinter kommen wir zu der Felsnase **3 Punta del Reflector,** einem schönen Aussichtsplatz! Wir können die mächtigen Schiffe im entfernten Hafen sehen, die uns von der großen weiten Welt träumen lassen. Und es wird noch spekatakulärer: Es schließt sich danach das Gebiet auf der Höhe der Einflugschneise des Flughafens an. Auf diesem schönen Abschnitt mit einer felsigen Küste von fast 3 Kilometern Länge gibt es viele Plätze, um ein wenig zu verweilen und auf das Meer zu schauen. Bei entsprechender Brandung schäumen die Wellen zwischen den Felsvorsprüngen auf. Auch Flugzeugbegeisterte kommen hier auf ihre Kosten. Es ist schon ein besonderes Erlebnis, die großen Maschinen sehr nah über unseren Köpfen auf die dahinterliegende Landebahn zuschweben zu sehen. Der Weg ist ausgesprochen schön gestaltet worden und führt teilweise über Holzbohlen. Kleine Holzbrücken lassen uns Felsspalten überwinden. Hinter der Einflugschneise ist es dann wieder ruhig. Wir sollten die Stille genießen, denn kurz hinter diesem Abschnitt erreichen wir den wuseligen, gewundenen, großen Strand von **4 Can Pastilla** bei Tageskilometer 12. Wenn wir noch nicht gebadet haben, könnte dies jetzt unser Platz sein, um ein wenig das Strandleben zu genießen. Ein *Café con Leche* in einem der vielen Strandcafés könnte uns in träumerische Urlaubsgenussstimmung versetzen. Wir können uns ja richtig Zeit lassen, denn unsere Rückfahrtstrecke ist nicht lang. Auch ist es anregend, bei entsprechendem Wind die Surfer und Kiter zu beobachten. Im kleinen Sportboot- und Seglerhafen begleitet das Klingeln der Leinen und Beschläge an den Masten unsere süße Genussauszeit hier am Strand. Danach allerdings haben wir den interessantesten Teil der Bucht hinter uns und es wird radfahrerisch ein bisschen eintönig. Wir könnten noch ein wenig die jetzt folgende schnurgerade, kilometerlange Hotelmeilenstraße hinter der

Über Jahrhunderte wurde an und in der ***Catedral de Mallorca*** *gebaut und umgestaltet. Das bunte Rosettenfenster in der Apsis soll zu den größten Europas gehören. Es hat eine besonders reizvolle Wirkung, wenn morgens von Osten die Sonne hereinstrahlt.*

Promenade entlangfahren, eventuell in eines der zahlreichen Promenadencafés einkehren. Vielleicht sind wir auch neugierig auf die Partymeile am sogenannten Ballermann. Aber wahrscheinlich werden die meisten von uns hier eher wieder umkehren wollen und erstaunt sein, wie verändert die Ausblicke vom Fahrrad sind, wenn wir die Strecke in umgekehrter Richtung radeln. Wenn wir dann zurück sind unterhalb der **Catedral de Mallorca,** La Seu, haben wir Gelegenheit, die Stadt zu erkunden.

Und das sollten wir auch unbedingt tun, denn Palma lohnt sich. Natürlich kann dies heute nur ein Appetithappen sein, denn Mallorcas Hauptstadt ist groß und es gibt viel zu entdecken. Und so müssen wir wohl eine Auswahl treffen: Auf Höhe der Kathedrale könnten wir die Küstenrandstraße überqueren und hinter dem Bassin nach rechts die große **Avinguda d´Antoni Maura** hinauffahren. Einige zieht es jetzt vielleicht – das Fahrrad schiebend – ins Fußgängerstraßengewimmel der **Altstadt.** Diejenigen müssten dann von dieser Straße hinter der Kathedrale rechts abbiegen. Andere wiederum möchten vielleicht in der Verlängerung der Avinguda den **Passeig del Born** hochschieben und einkehren in die berühmte, traditionsreiche **5 Bar Bosch** – eine von vielen auf diesem Passeig –, die ganz am Ende des Passeig liegt. Schöner als radeln ist es weiterhin, mit dem Rad schiebend zu flanieren, das bunte Treiben zu genießen und nach links und rechts Blicke auf die herrlichen Bauten zu werfen. Es ist eine Wonne, auf den breiten, von uralten Platanen beschatteten Fußgängerboulevards zu schlendern: So bekommen wir ein Gefühl für das südeuropäische Leben in dieser Stadt. Wir staunen über die Pracht der großen alten Fassaden. Hier können wir den Puls mallorquinischen Großstadtlebens erspüren.

Nach unserem Imbiss in der Bar Bosch könnten wir dahinter nach rechts einbiegen in die **Carrer de la Unió,** wo wir hinter der **Plaça del Mercat** die Nachfolge-

HORNO
Forn des Teatre
JAUME
ALEMANY
9
FORNET DE LA SO
ARQUEOLOGIA GASTRONÒMICA
TOMEU ARBONA
MARÍA JOS

rin der berühmten Bäckerei Forn des Teatre, 6 **Fornet de la Soca,** mit ihrer geschmückten Fassade bestaunen können: ein Fotomotiv, das in jedem Mallorcaführer gezeigt wird. Es hat zwar einen Besitzerwechsel gegeben, aber das Schaufenster ist immer noch in der alten Deko umrahmt mit dem Schriftzug „Forn des Teatre". Wir sollten nicht versäumen, uns ein süßes Gebäckstück mitzunehmen und uns auf die Stühle auf dem Trottoir zu setzen. Hier und da beleben Straßenmusikanten die Stadtkulisse und versetzen uns in eine heitere Stimmung. Dann, nach der Linkskurve unserer Straße, können wir wieder auf den langen und breiten Boulevard **La Rambla** zwischen den Fahrspuren abbiegen und schlendernd bis zu dessen Ende schieben. Cafés und Blumenhändler säumen unseren Parcours. Am Ende dieses langen Boulevards schwenken wir nach rechts in die Fußgängerstraße **Carrer dels Oms,** die

Palma

uns in gerader Linie zur Plaça d'Espanya zurückbringt.

Diejenigen unter uns, die auf dem Parcours des Hinwegs zurück zur Plaça d'Espanya rollen, haben vielleicht Lust, einen Abstecher ins Ausgehviertel **Santa Catalina** zu machen. Dazu radeln sie auf der Höhe des Bassins unterhalb der Kathedrale auf dem Radweg weiter – so wie wir gekommen sind – und queren an der Fußgängerampel wieder die Hafenrandstraße parallel zum anfangs gestreiften Bett des Torrent Riera. Santa Catalina liegt auf der linken Seite. Der Abstecher geht dann nach der zweiten Brücke über den Torrent nach links. Auf der Höhe liegt die Fußgängerstraße **Carrer de la Fàbrica** mit ihren zahlreichen Restaurants und Außenterrassen. Am Ende des verkehrsberuhigten Teils dieser Straße befindet sich auch die kultige Cantina **7 Patron Lunares:** ein Restaurant in der Anmutung einer alten Turnhalle mit einer originellen Speisekarte. Der Name geht auf einen charismatischen Fischer zurück, der die Geschichte Santa Catalinas prägte. Hier auf ein Menü einzukehren, ist wie eine Zeitreise in die Vergangenheit dieses ehemaligen Arme-Leute-Viertels. Zwei Straßen weiter südlich an der Plaça de la Navegació liegt auch die Markthalle **8 Mercat de Santa Catalina,** die mit allen Köstlichkeiten unserer Lieblingsinsel aufwartet. Nach unserem Bummel durch Santa Catalina geht es auf den Spuren unseres Hinwegs zurück zu unserem Ausgangspunkt **Plaça d'Espanya.**

Palma
Son Serralta
Santa Catalina
Es Jonquet
Canavall
Canamunt
Foners
Carrer de Manacor
Parc de la Mar
Ma-1
Ma-19
Ma-20
Ma-15
Ma-15D
Ma-3011
Ma-3018
Ma-30
Ma-5012
Torrent d'en Barbarà
Torrent Gros
Son Ferriol
Es Molinar
La Gruta
La Ciutat Jardí
Es Coll d'en Rabassa
Aeroport de Son Sant Joan
Can Pastilla

ALLES AUF EINEN BLICK

Entspannung 5/5
Abenteuer 1/5
Vielfalt 5/5

WIE & WANN

Sehr leichte Tour auf dem asphaltierten Küstenradweg. Zu jeder Jahreszeit möglich, besonders schön bei gutem Wetter, da es in der Saison zahlreiche Bademöglichkeiten gibt, kein Schatten.

HIN & WEG

Auto: Unterirdisches Parkhaus in der Avinguda d'Adolfo Suárez (am Bassin unterhalb der Kathedrale), 07001 Palma
ÖPNV: Bahnhof Palma

ESSEN & ENTSPANNEN

5 **Bar Bosch,** Plaça del Rei Joan Carles I 6, 07012 Palma, Tel. +34 (9 71) 71 22 28
6 **Fornet de la Soca** (ehemals Forn des Teatre), Plaça de Weyler 9, 07001 Palma, Tel. +34 (6 73) 49 94 46, www.fornetdelasoca.com
7 **Patron Lunares,** Carrer de la Fàbrica 30, 07013 Palma, Tel. +34 (9 71) 57 71 54, www.patronlunares.com
8 **Mercat de Santa Catalina,** Plaça de la Navegació, 07013 Palma, Tel. +34 (9 71) 73 07 10, www.mercatdesantacatalina.com

Außerdem zahlreiche weitere Einkehrmöglichkeiten in Palma und Can Pastilla

ENTDECKEN & ERLEBEN

1 **Catedral de Mallorca, La Seu,** Plaça de la Seu, 07001 Palma, Tel. +34 (9 71) 71 31 33, www.catedraldemallorca.org
2 **Sa Gavina Blava** (Obelisk), Plaça de la Rosa Del Vents, 07007 Palma
3 **Punta del Reflector** (Felsnase), zwischen Es Coll und Can Pastilla
4 **Can Pastilla** (Strand), Avinguda de Bartomeu Riutort 144, 07610 Can Pastilla

Die GPS-Daten zu jeder Tour gibt es auf
www.droste-verlag.de

Konzeption/Satz: Droste Verlag, Düsseldorf
Einbandgestaltung: Britta Rungwerth, Düsseldorf, unter Verwendung von Bildern von © Fotolia.com: Andrey Kuzmin, undrey, dabost, niroworld; © www.stock.adobe.com: Animaflora PicsStock
Fotos: Herbert Rönneburg, außer: www.stock.adobe.com: S. 4: Veronika, S. 26: Wolfgang Jargstorff, S. 65: Concept Island, S. 70: schwede-photodesign, S. 82, 101: Tolo, S. 125, 138: Hans Hansen, S. 128: Harald Schindler, S. 144: andrzej2012, S. 149: Roberto, S. 172/173: bobmachee
Karten: Thorsten David, Bochum
Textlektorat: Mo Kreutzberg, Düsseldorf
Druck und Bindung: LUC GmbH, Greven

Alle Angaben in diesem Buch wurden sorgfältig recherchiert und geprüft. Für die Richtigkeit der Angaben, für etwaige Unfälle und Schäden jeglicher Art kann keine Haftung übernommen werden; die Nutzung erfolgt auf eigenes Risiko. Abweichungen, die nach Redaktionsschluss erfolgten, konnten im Buch nicht mehr berücksichtigt werden. Hinweise und Änderungen nehmen wir gern entgegen.

ISBN 978-3-7700-2641-8
www.droste-verlag.de

FSC www.fsc.org
MIX
Papier | Fördert gute Waldnutzung
FSC® C011279